달 달 무슨 달

관찰하고 생각하는
달 그림 도감

달 달 무슨 달
관찰하고 생각하는 달 그림 도감

초판 1쇄 발행 2019년 8월 20일
개정판 1쇄 발행 2024년 5월 13일

지은이 모리 마사유키 **감수** 소마 미츠루 **옮긴이** 오승민
글·구성 나가노 히로코 **원서 디자인** waonica

펴낸곳 도서출판 그린북
펴낸이 윤상열
기획편집 최은영 김민정
디자인 최미순
마케팅 윤선미
경영관리 김미홍
출판등록 1995년 1월 4일(제10-1086호)
주소 서울시 마포구 방울내로11길 23 두영빌딩 302호
전화 02-323-8030~1 **팩스** 02-323-8797
블로그 greenbook.kr
이메일 gbook01@naver.com

TSUKI NO MICHIKAKE WO NAGAMEYO
supervised by Mitsuru Soma, written by Masayuki Mori
Copyright ©2018 Masayuki Mori, Hiroko Nakano
All rights reserved.
Original Japanese edition published by Seibundo Shinkosha Publishing Co., Ltd.
This Korean edition is published by arrangement with Seibundo Shinkosha Publishing Co., Ltd., Tokyo
in care of Tuttle-Mori Agency, Inc., Tokyo through AMO Agency, Seoul.

이 책의 한국어판 저작권은 AMO에이전시를 통해 저작권자와 독점 계약한 그린북에 있습니다.
저작권법에 의해 한국 내에서 보호를 받는 저작물이므로 무단 전재와 무단 복제를 금합니다.
이 책의 내용(본문, 사진, 디자인, 도표 등)은 개인적인 범위 내의 사용을 목적으로 하고,
저작권사의 허가가 없는 한, 무단으로 운용, 상업적 이용을 하는 것을 금합니다.

ISBN 978-89-5588-468-5　73440

* 파손된 책은 구입하신 곳에서 바꾸어 드립니다.

어린이제품안전특별법에 의한 표시		
품명 어린이 도서	**제조국** 대한민국	**사용연령** 8세 이상
주의사항 책 모서리에 다치지 않도록 주의하세요.		

달 달 무슨 달

관찰하고 생각하는
달 그림 도감

모리 마사유키 **지음** 소마 미츠루 **감수** 오승민 **옮김**

그린북

시작하면서 · · · · · · · · · · · · · · · 08

1장
달의 위상

차례

달, 넌 어떤 천체니? · · · · · · · · · · · · · 11

삭 · 12
보이지 않는 달 · · · · · · · · · · · · · 13
일식은 반드시 삭일 때 일어난다 · · · · · 14
삭 밤에 하늘을 올려다보자 · · · · · · · · 15

초승달 · · · · · · · · · · · · · · · · · · 16
초승달은 서쪽 하늘에서 볼 수 있다 · · · · 17
지구 반사 빛 관찰하기 · · · · · · · · · · 18
초승달의 기울기 차이 · · · · · · · · · · 19

상현달 · · · · · · · · · · · · · · · · · · 20
저녁녘 남쪽 하늘에 가장 높이 떠 있는 달 · · · · 21
달의 지형을 관측하자 · · · · · · · · · · 22

보름달 · · · · · · · · · · · · · · · · · · 24
보름달은 날이 저물 무렵 뜬다 · · · · · · 25
월식은 보름달일 때 일어난다 · · · · · · · 26
보름달은 음력 15일의 달이 아니다? · · · · 27

하현달 · · · · · · · · · · · · · · · · · · 28
한밤중에 뜨는 달 · · · · · · · · · · · · 29
하현달도 달 무늬가 잘 보인다 · · · · · · 30
아침에 보이는 하얀 달 · · · · · · · · · · 31

그믐달 · · · · · · · · · · · · · · · · · · 32
동트기 전에 뜨는 달 · · · · · · · · · · · 33
새벽하늘의 달님과 샛별 · · · · · · · · · 34

날마다 변하는 달의 모습 · · · · · · · · · 36
달이 차고 이지러지는 이유 · · · · · · · · 36
달이 뜨는 시각은 왜 날마다 늦어질까? · · · · 38
보름달이 뜨는 장소와 높이는 왜 달라질까? · 40

달과 달력 · · · · · · · · · · · · · · · · 42
태양과 달의 움직임에 따르다 · · · · · · · 42
달의 위상을 1일 단위로 표시한 월령 · · · 44
한가위 달맞이 풍습 · · · · · · · · · · · 45

2장
달과 지구

- 달 무늬를 관찰해 보자 · · · · · 49
- 달의 앞면 · · · · · 50
- 달의 뒷면 · · · · · 52

달이 만들어진 과정 · · · · · 54
- 달에 있는 다양한 지형을 살펴보자 · · · · · 54
- 달은 무엇으로 이루어져 있을까? · · · · · 56
- 달은 어떻게 탄생했을까? · · · · · 57

달의 크기와 밝기 · · · · · 58
- 달의 실제 크기와 겉보기 크기 · · · · · 58
- 큰 달과 작은 달 · · · · · 60
- 달의 밝기 · 별의 밝기 · · · · · 62

달과 지구의 운동 · · · · · 64
- 지구의 운동 · · · · · 64
- 달의 운동 · · · · · 66
- 조수 간만 · · · · · 68

달을 관측하자 · · · · · 70
- 사전 준비와 조사 · · · · · 70
- 달 관측에 유용한 도구들 · · · · · 71
- 다양한 달의 모습 · · · · · 72
- 쌍안경이나 망원경으로 관측하기 · · · · · 73
- 월식을 관측하자 · · · · · 74

시작하면서

무심코 밤하늘을 바라보다가 달이 떠 있는 걸 보면 나도 모르게 기분이 좋아지곤 해요.
'좀 있으면 보름달이겠다.'
'어? 벌써 보름달이 지나갔네.'
누구나 이렇게 생각했던 적이 있을 거예요.

달은 날씨만 좋으면 가로등 불빛이 환하게 비치는 거리에서도 뚜렷이 볼 수 있어요. 지구와 가장 가까워서 우리에게 매우 친숙한 천체죠. 달은 지구 주위를 돌고 있으며 지구는 달을 품은 채 태양 주위를 돌고 있어요. 그런 것쯤은 '누구나 알고 있는 상식'이라고요? 물론 그렇지요. 하지만 달에 대해 더 깊이 알아보면 분명 지금까지 몰랐던 새로운 사실을 많이 발견하게 될 거예요.

이 책에서는 달에 대해 좀 더 자세히 알아보기 위해 먼저 달의 위상을 순서에 따라 살펴볼 거예요. 무슨 달이 제일 마음에 드나요? 노을 진 서쪽 하늘에 떠 있는 초승달? 두둥실 떠오른 보름달? 아니면 푸른 하늘에 어렴풋이 보이는 하얀 반달인가요?

하늘에 낮게 떠 있는 보름달과 우리가 흔히 '슈퍼문'이라고 부르는 달은 모두 보통 달보다 훨씬 크게 보여요. 그런데 그렇게 보이는 이유와 원리는 서로 다르답니다.

오늘 밤 당장 밖으로 나가서 달을 바라보는 건 어떨까요?

1장
달의 위상

달, 넌 어떤 천체니?

여러 가지 달의 모습

밤하늘을 밝게 비추는 달.

달은 밤하늘의 어떤 별들보다 훨씬 환하고 밝게 빛나고 있어요. 그건 달이 지구와 정말 가까운, 동생과 같은 천체라서 그렇답니다.

달은 지구 주위를 빙글빙글 돌고 있는 '위성'이에요. 스스로 빛나는 별이 아니고, 태양 빛을 반사해서 빛을 내요. 그러니까 사실 달빛은 태양 빛이에요.

달을 매일 관찰해 보면 점점 모양이 변하고 달이 뜨고 지는 시간이 달라지는 걸 알 수 있어요. 이렇게 지구에서 보이는 달의 여러 가지 모습을 '달의 위상'이라고 해요. 삭, 초승달, 상현달, 보름달, 하현달, 그믐달 그리고 또다시 삭의 순서를 한 주기로 하여 변해요.

그럼 지금부터 여러 가지 달의 모양을 차근차근 살펴보아요.

삭

뜨는 시각	5시~6시경(하지), 7시~8시경(동지)
지는 시각	19시 30분~20시 30분경(하지), 17시~18시경(동지)

* 서울 기준

우선 달이 차고 이지러지는 변화가 시작되는 삭부터 살펴보기로 해요.
그런데 사실 우리는 삭을 볼 수 없답니다.
그렇다면 달은 어디에 숨어 있는 걸까요? 왜 볼 수 없을까요?
지금부터 삭의 비밀에 대해 알아보아요.

보이지 않는 달

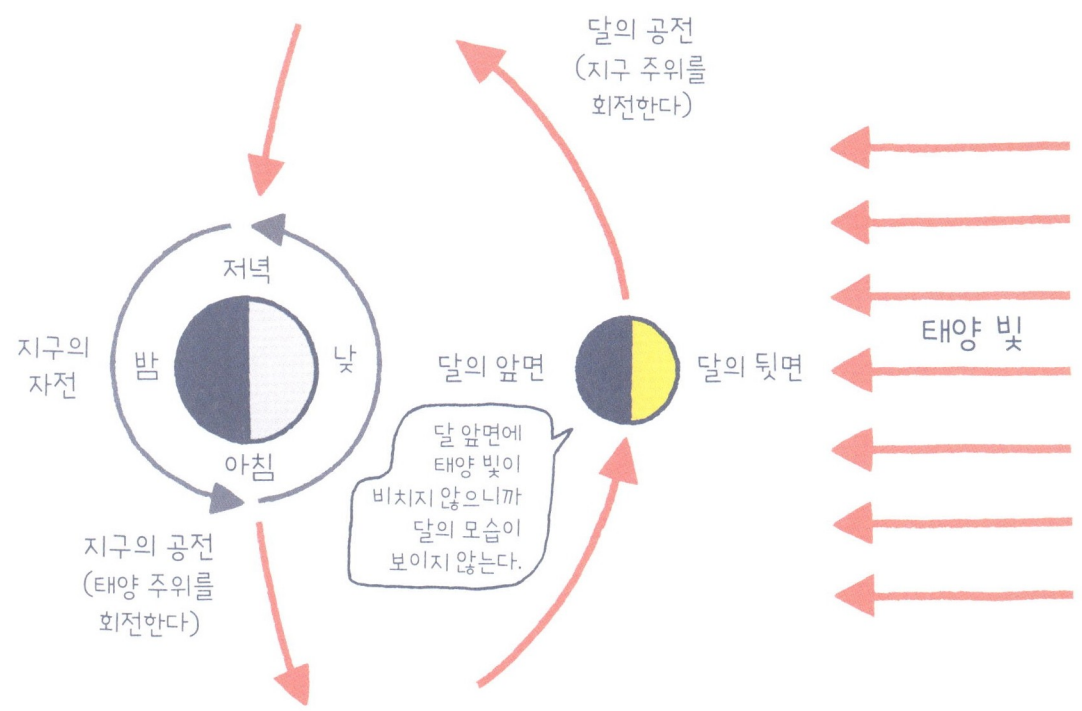

태양과 같은 방향에 있어서 보이지 않아요

보통 삭을 새까만 동그라미(●)로 표시하는 경우가 많아요. 왜냐면 삭은 볼 수 없는 달이기 때문이에요. 그런데 사실 삭도 하늘 위로 뜨고 땅 밑으로 진답니다. 그럼 왜 삭은 보이지 않는 걸까요?

그 이유는 달이 한낮에 태양과 같은 방향에 있기 때문이에요. 11쪽에서 설명한 것처럼 달은 태양 빛을 반사하여 밤에 밝은 빛을 내는 천체예요. 삭일 때 달은 지구와 태양의 중간에 끼어 있어요. 그러니까 지구에서 바라본 달의 면을 앞면이라고 하면 태양 빛은 달의 뒷면, 그러니까 지구에서는 보이지 않는 뒷면을 비추고 있는 거죠.

그래서 지구에서는 태양 빛이 비치지 않는 달의 앞면이 전혀 보이지 않는 거예요. 마찬가지로 삭 전후의 달도 달빛이 너무 약한 데다가 바로 가까이에 태양이 있어서 잘 보이지 않아요.

현재 우리는 태양의 움직임에 따라 만들어진 '태양력'을 달력으로 사용하고 있어요. 하지만 옛날 우리나라를 비롯한 세계 여러 나라에서는 달의 차오름과 이지러짐에 따라 만든 태음력을 사용했답니다(42쪽 참고). 태음력은 매달 첫 시작이 반드시 삭이에요. 삭, 한자로 '신월(新月)'이라는 이름 그대로 새로운 달이 시작되는 날이지요.

일식은 반드시 삭일 때 일어난다

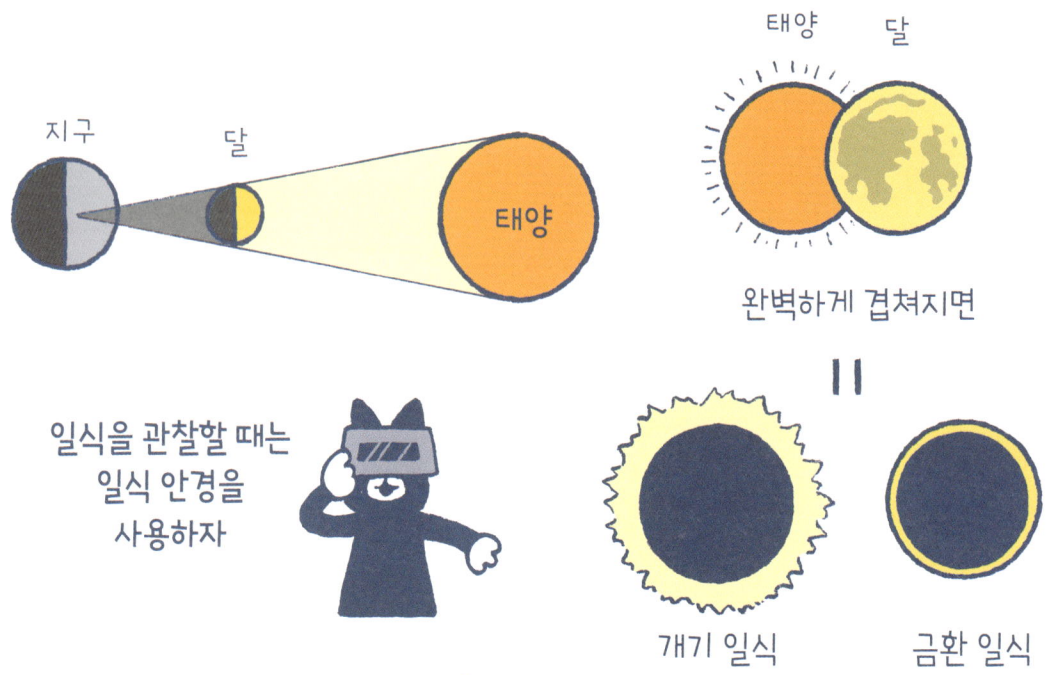

삭이 '보이는' 신기한 날

앞에서 삭을 '보이지 않는 달'이라고 했어요. 그런데 달을 볼 수 없어도 달이 있다는 걸 확인할 수 있는 신비로운 현상이 있답니다. 바로 '일식'이에요.

일식은 태양과 지구 사이에 낀 달이 태양을 가리는 현상을 말해요. 지구에서 볼 때 태양과 거의 똑같은 크기로 보이는 달이 태양을 완전히 가리는 것을 '개기 일식', 태양이 달 테두리로부터 가느다란 링처럼 삐져나와 보이는 것을 '금환 일식', 태양의 일부만이 가려진 것을 '부분 일식'이라고 해요. 사실 삭을 볼 수 있다고 했지만, 지구에서 보이는 건 태양 빛이 비치지 않는 부분이에요. 그래서 삭을 표시하는 새까만 동그라미(●)처럼 새까맣게 보일 뿐이죠. 그 검은 부분이 태양과 겹쳐지면 그 부분만 태양이 없어진 것처럼 보인답니다. 만약 완전히 겹쳐지면 태양 빛이 거의 보이지 않아요.

달은 지구 주위를 돌고 지구는 태양 주위를 돌아요. 삭일 때 달은 태양 쪽에 있으니 항상 일식이 일어날 것 같지만 아니랍니다. 각각의 위치가 일식이 일어나는 조건에 들어맞는 건 6개월에 한 번 정도밖에 되지 않아요. 게다가 일식은 극히 제한된 곳에서만 볼 수 있고 매번 그 장소가 바뀌어요. 특히 개기 일식은 정말 드문 천문 현상이랍니다.

삭 밤에 하늘을 올려다보자

밤하늘에는 별이 한가득!

삭 밤하늘에는 달이 없어요. 조금 아쉽지만 그 대신 환한 달이 떠 있을 때보다 별이 훨씬 더 잘 보인답니다. 그래서 달이 없는 어두운 밤하늘은 별을 보기에 아주 좋아요.

날씨나 대기 상태에 따라 달라지지만 보통 달이 떠 있을 때보다 별을 많이 볼 수 있어요. 물론 별의 개수가 늘어나거나 줄어드는 건 아니에요. 달빛 때문에 밤하늘의 밝기가 크게 달라져서 그렇답니다.

사실 별빛은 매우 약하고 희미해요. 여기에 밝은 달이 환하게 비춘다면 어떻게 될까요? 약한 별빛은 그대로 달빛에 묻혀 버리고 말 거예요. 달은 다른 별들과는 비교가 안 될 정도로 밝기 때문이에요. 그중에서도 가장 밝은 달은 보름달이고요(62쪽 참고).

그래서 별을 찬찬히 관찰하고 싶다면 삭이나 그 즈음을 노리는 것이 좋아요. 별자리 지도를 보면서 별과 별자리를 찾아보세요.

초승달

뜨는 시각	7시~8시경(하지), 9~10시경(동지)
지는 시각	21시 30분~22시 30분경(하지), 19시~20시경(동지)

＊서울 기준

삭이 지나면 조금씩 달님 얼굴이 보이기 시작해요. 초승달을 본 적이 있나요?

가느다랗고 아름다운 초승달의 모습은 아쉽게도 볼 수 있는 시간이 길지 않아요.

초승달을 언제 어디서 볼 수 있는지 알고 있나요?

초승달 이후부터 점차 달님 얼굴에 살이 오르기 시작한답니다.

초승달은 서쪽 하늘에서 볼 수 있다

노을 진 하늘에 나타나는 가녀린 달

초승달은 초사흘 달이라고도 하는데, 삭을 첫째 날이라 할 때 셋째 날에 나타나는 달이에요. 첫째 날에는 달이 태양 방향에 있기 때문에 보이지 않아요. 하지만 셋째 날에 뜨는 달은 태양에서 조금씩 멀어지므로 태양 빛이 비친 부분이 조금 보여요. 이것이 가느다란 손톱 모양이 되는 거예요.

달은 동쪽에서 뜬 해를 뒤쫓듯이 동쪽에서 뜨고 서쪽으로 져요. 초승달은 빛이 약한 데다가 밝은 태양 근처에 있어서 잘 보이지 않아요. 그래서 해가 서쪽 하늘로 저물고 조금 어두워지면서 노을이 져야 보이기 시작해요. 게다가 해가 지고 1~2시간 뒤에는 초승달도 져 버려요. 새벽녘 그믐달과 금성이 함께 보이는 것과 마찬가지로 석양 하늘에서 밝은 금성과 초승달이 함께 보일 때도 있어요(34쪽 참고).

실제 밤하늘에 뜬 초승달은 생각보다 훨씬 가늘게 느껴질 수도 있어요. 왜냐면 달은 가늘면 가늘수록 달빛이 약하거든요. 달의 밝기에 대해서는 뒤에서 자세히 설명할게요.

초승달 이후로 달은 점점 살이 오르고 지는 시간도 늦어지므로 훨씬 더 잘 보여요. 동그라미에 가까운 보름달 전후에는 달 모양의 변화를 알아차리기 힘들어요. 하지만 초승달부터 상현달이 될 때까지는 하루가 다르게 모양이 바뀌므로 변화를 쉽게 알아볼 수 있어요. 이 시기의 달은 참으로 흥미롭답니다.

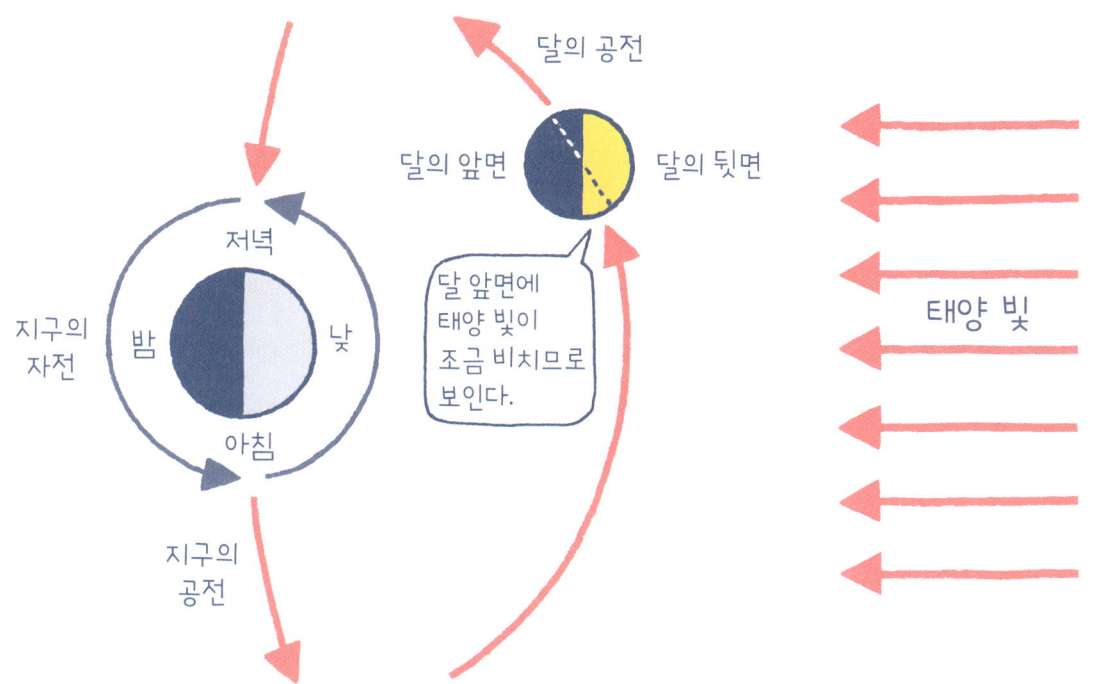

지구 반사 빛 관찰하기

지구에서 반사된 빛이 달을 비춘다

달은 태양 빛을 반사하여 빛나고 있어요. 그런데 사실 지구도 달처럼 태양 빛을 반사하여 빛나고 있답니다. 만약 달에서 지구를 바라본다면 지구가 달처럼 차고 이지러지는 것을 볼 수 있지요. 물론 지구에서는 그 모습을 볼 수 없어요. 그런데 지구가 반사하는 빛의 존재를 지구에서 확인할 수 있는 때가 있어요.

초승달처럼 가느다란 달이 하늘에 떠 있을 때 한번 자세히 관찰해 보세요. 빛나고 있는 달의 가느다란 부분 바로 옆에, 원래는 안 보여야 하는 달의 나머지 부분이 흐릿하게 보이기 시작할 거예요. 이건 눈의 착시가 아니라 지구의 반사 빛이랍니다. 사진으로 찍어서 확대해 보면 달 표면의 무늬까지 뚜렷이 보여요.

달의 빛나는 부분은 태양으로부터 직접 빛을 받는 부분이에요. 그리고 나머지 흐릿하게 보이는 부분은 지구로부터 반사된 태양 빛이 달을 비춘 부분이에요.

만약 초승달일 때 달에서 지구를 바라본다면 지구는 보름달(보름지구)보다 조금 덜 차오른 모습으로 보일 거예요. 그러니까 달과 반대의 위상으로 지구가 보이는 거죠. 보름달이 밝은 것처럼 보름지구 또한 아주 밝아요. 그렇게 밝은 지구가 달을 비추니 초승달 즈음에는 안 보이던 부분까지 우리 눈에 희미하게 보이는 거랍니다.

초승달의 기울기 차이

시간뿐만 아니라 계절에 따라서도 변한다

초승달은 빛나는 부분을 위로 향한 채 동쪽 지평선으로부터 떠올라요(떠오르는 모습은 태양 때문에 하늘이 밝아서 볼 수 없어요). 그리고 빛나는 부분을 아래로 향한 채 서쪽으로 져 가요. 달빛은 태양이 어디에 있는지를 알려 줘요. 왜냐면 달은 태양이 비친 부분이 빛나기 때문이지요. 태양이 어느 방향으로 이동했는지를 생각하면 달의 기울기가 어떻게 변하는지도 이해할 수 있어요.

그런데 이 기울기는 계절에 따라서도 변해요. 봄에 초승달은 거의 누운 상태로 져요. 반대로 가을에는 서 있는 상태로 져요. 이런 기울기의 차이가 생기는 이유는 무엇일까요?

하늘에서 태양이 지나가는 길인 '황도'의 기울기가 계절에 따라 변하기 때문이에요. 달은 태양과 거의 똑같은 길을 지나가요. 그런데 이 길이 봄의 해 질 녘에는 지평선에 대해 수직인 상태, 가을의 해 질 녘에는 수평인 상태가 된답니다. 초승달의 높이도 봄에는 높고 가을에는 낮아지지요. 보통 달을 관찰하기 좋은 계절로 가을을 떠올리지만, 초승달은 춘분(양력 3월 21일 무렵) 때가 가장 관찰하기 좋은 시기랍니다.

상현달

뜨는 시각 12시~13시경(하지·동지)
11시~12시경(춘분), 13시~14시(추분)

지는 시각 0시~1시경(하지·동지)
1시 30분~2시 30분경(춘분), 23시~0시경(추분)

＊서울 기준

가느다란 달님은 하루하루 살이 오르면서 둥근 달의 딱 절반이 되었어요.
상현달은 저녁녘 남쪽 하늘에서 오른쪽이 빛나는 반달이에요.
보름달이 되려면 아직 일주일 정도 남았어요.
상현달은 파란 하늘에서도 볼 수 있어요.

저녁녘 남쪽 하늘에 가장 높이 떠 있는 달

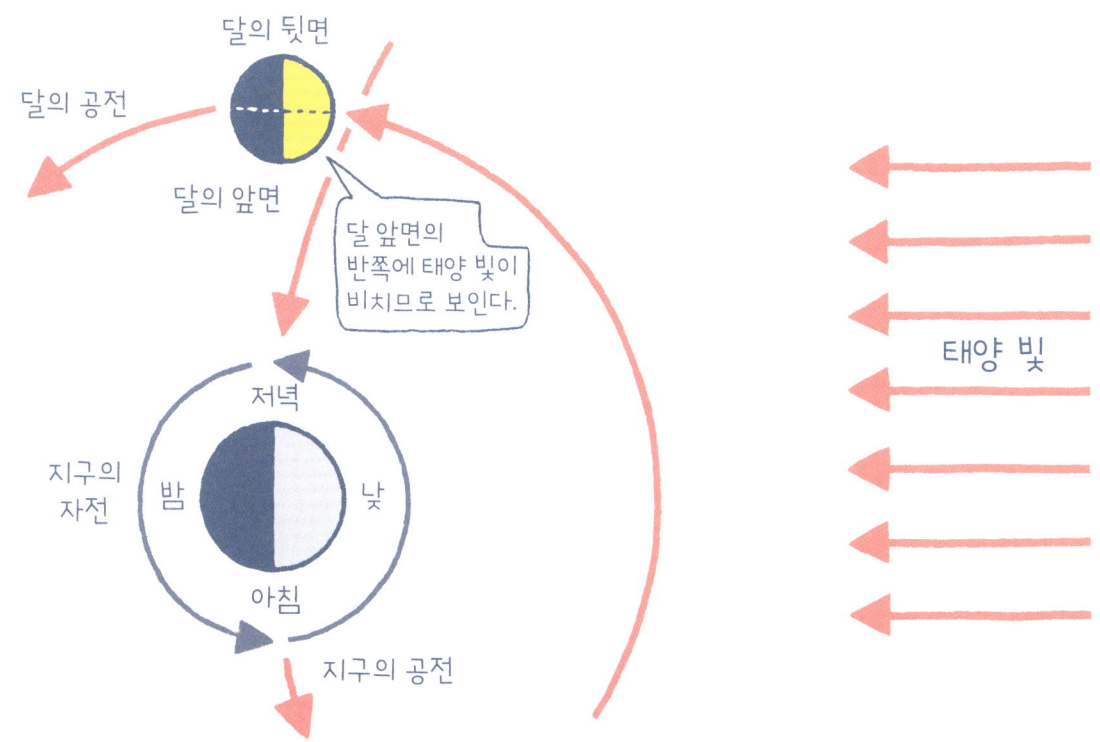

밝은 하늘에서도 보인다

상현달은 둥근 달을 절반으로 딱 자른 것 같은 반원형 모양이에요. 그래서 '반달'이라고도 불려요. 오른쪽 반이 밝게 빛나기 때문에 초승달보다 훨씬 밝아요.

상현달은 낮 동안에 동쪽 지평선 위로 모습을 드러내요. 그리고 저녁녘 해가 서쪽으로 저물 즈음 하늘 높이 떠올라요. 이때의 모습은 서 있는 반원 모양이에요. 해가 지기 전 아직 하늘이 밝을 때 홀로 높이 떠 있는 하얀 반달을 본 적이 있나요? 그때가 아마도 상현달 무렵이었을 거예요. 상현달은 초승달보다 태양과 멀리 떨어져 있어서 초승달보다 훨씬 밝아요. 그래서 밝은 하늘에서도 잘 보인답니다.

상현달은 날이 바뀌는 한밤중에 서쪽 지평선 너머로 저물어요. 해 질 녘부터 상현달을 관찰해 보세요. 그럼 남쪽에서 서쪽으로 점차 고도를 낮추며 저물어 가는 달의 모습을 관찰할 수 있어요.

상현달은 초승달과 마찬가지로 빛나는 부분을 위로 하여 떠올랐다가 빛나는 부분을 아래로 하여 저물어요.

달의 지형을 관측하자

상현달은 크레이터를 관측하기 좋다

맨눈으로 달을 본 적이 있나요? 검고 흐릿한 무늬가 희미하게 보일 뿐 자세히 보이지는 않아요. 그런데 망원경으로 보면 확 달라요. 50~51쪽과 같이 달 표면에서 울퉁불퉁한 지형을 볼 수 있어요. 그중에 둥글게 파인 것처럼 보이는 지형을 크레이터라고 해요. 거대한 크레이터는 망원경이 아닌 쌍안경으로도 볼 수 있어요.

이 크레이터가 잘 보이는 때가 있어요. 바로 상현달일 때예요. 보름달일 때 달 전체를 볼 수 있으니까 훨씬 더 잘 보일 거 같지요? 그런데 보름달은 입체적이지 않고 너부죽한 평면으로 보인답니다. 태양 빛이 보름달의 겉면을 직각으로 비추어서 그림자가 생기지 않기 때문이에요.

이에 반해 상현달은 태양 빛이 옆으로 비스듬히 비쳐요. 그래서 울퉁불퉁한 지형에 그림자가 곧잘 생겨요. 지구에서도 한낮보다 노을이 질 때 그림자가 길게 늘어지지요? 이와 비슷한 이치예요. 그림자가 있어야 오목과 볼록이 잘 보이거든요. 그래서 상현달일 때 달의 지형이 잘 보이는 거랍니다. 그중에서도 가장 잘 보이는 건 가려진 부분의 끝자락에 있는 크레이터예요.

태양 빛이 옆으로 비스듬히 비치는 하현달에서도 마찬가지로 크레이터가 잘 보여요. 하현달은 한밤중에 뜬답니다. 상현달에서 보는 것과 어떤 차이가 있을까요?

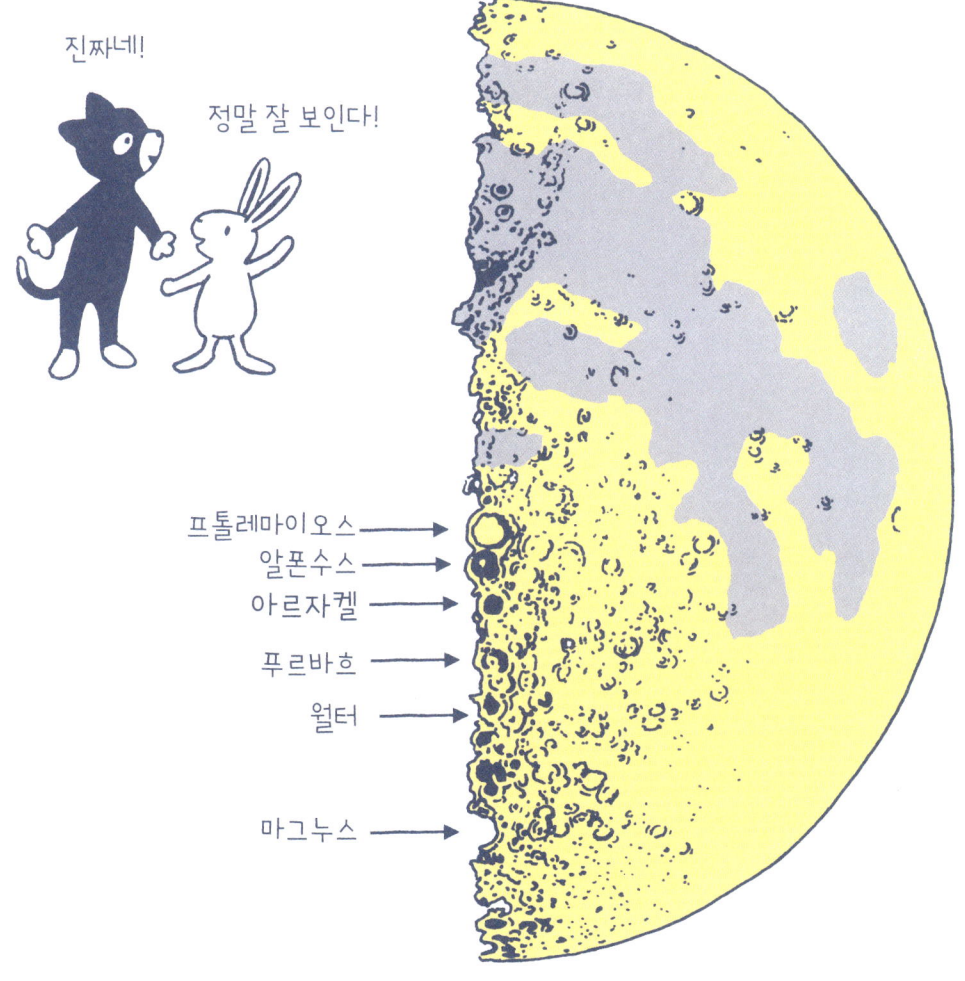

달의 이름 1 | 모양에 따라 붙여진 이름

상현(上弦)달은 질 때의 모습이 하늘을 향한 활(弦) 모양이라 붙은 이름이에요.

초승달은 '미월(眉月)'이에요. 눈썹(眉)처럼 생겨서 붙여진 이름이에요. 마찬가지로 반대쪽이 가려진 삭 직전의 가느다란 그믐달도 미월이라고 불러요.

보름달은 '망월(望月)'이에요. 달을 바라본다는 뜻이 담겨 있어요. 또 꽉찬 달이라는 뜻으로 '만월(滿月)'이라고도 불러요.

이처럼 모양에 따라 붙여진 이름도 있지만 달이 뜨는 시각에 따라 붙여진 이름도 있어요. 이것은 뒤에서 다시 소개할게요.

보름달

뜨는 시각 19시 30분~20시 30분경(하지), 17시~18시경(동지)
지는 시각 5시~6시경(하지), 7시~8시경(동지)
＊서울 기준

보름달은 쟁반같이 둥근 달이에요.
달의 앞면 전체가 빛나지요.
혼자서 걷기엔 쓸쓸한 어두운 밤길도 보름달이 함께라면 외롭지 않아요.
보름달이 뜬 밤에는 왠지 마음이 든든해요.

보름달은 날이 저물 무렵 뜬다

밤새 볼 수 있는 달

동쪽 하늘 낮게, 커다란 보름달이 뜨는 모습을 본 적이 있나요? 보름달은 날이 저물 때쯤 뜨기 시작해요. 그래서 그 모습이 사람들 눈에 잘 띄어요. 초승달이나 상현달은 아직 하늘이 밝을 때 뜨기 시작하니까 모습을 보기가 어렵지요.

저녁 무렵에 모습을 드러내는 보름달은 한밤중에 가장 높이 떠올라요. 그리고 새벽녘에 서쪽으로 저물어요. 그러니까 보름달은 밤새도록 밤하늘에 떠 있으면서 우리를 비춰 주는 거예요.

보름달은 태양 빛이 달 앞면 전체에 비치므로 동그랗게 보여요. 보름달일 때는 달이 태양과 정반대에 위치하기 때문이에요. 삭과는 반대 위치예요. 그래서 지구에서 보름달을 바라보면 완벽한 원형으로 보인답니다.

보름달은 달 앞면 전체가 보이기 때문에 달 무늬도 빠짐없이 볼 수 있어요. 달 표면에 보이는 무늬를 표현하는 방법은 다양해요(49쪽 참고). 그중에서도 떡방아를 찧는 토끼 무늬가 가장 유명하지요. 이 무늬들은 하늘이 조금 어두워지고 달이 낮게 떠 있을 때 잘 보여요. 이때는 직접 눈으로 관측할 수도 있어요. 어떤 무늬가 보이나요?

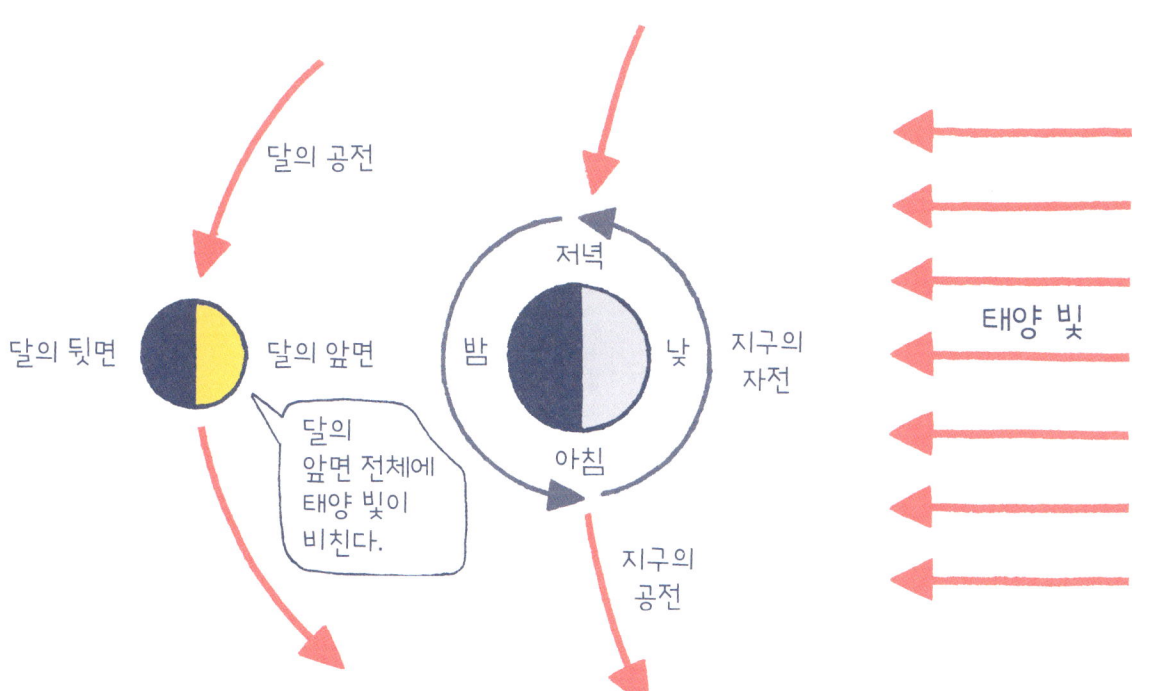

월식은 보름달일 때 일어난다

붉고 신비로운 개기 월식

달은 약 29.5일에 걸쳐서 차고 이지러짐을 반복해요. 그런데 단 몇 시간 안에 차고 이지러짐이 끝나는 경우가 있어요. 바로 월식이에요. 월식은 보름달일 때만 일어나요. 일식은 달이 태양을 가리는 현상이지만, 월식은 지구의 그림자가 달에 드리워지면서 달을 가리는 현상을 말해요.

달이 보름달일 때 지구는 태양과 달 사이에 위치해요. 이때 태양 빛이 지구를 비추면서 생기는 그림자가 달에 드리워지면 월식이 돼요. 그림자가 달 일부만을 가리는 것이 부분 월식이에요. 달 전체를 가리면 개기 월식이 돼요.

그런데 달이 그림자 뒤로 쏙 숨어 버리면 우리 시야에서 완전히 사라질까요? 그렇지 않답니다. 신기하게도 개기 월식일 때 달은 검붉고 희미한 모습이 돼요. 이렇게 개기 월식의 달이 붉게 보이는 이유는 무엇일까요? 그건 태양의 빨간빛 때문이에요. 노을이 붉은 것도 똑같은 원리지요.

태양에서 출발한 빛은 지구의 두꺼운 대기권을 통과하는데, 이때 파장이 짧은 파란빛은 모두 산란하고 빨간빛만이 남아요. 이 빨간빛이 굴절되어 지구 그림자 안으로 들어가 달까지 도달하면 달이 붉게 보이는 거예요. 대기 상태에 따라서는 밝기가 어두워지거나 밝아지기도 하며, 색상이 많이 변하기도 해요.

둥근 보름달은 순식간에 가려졌다가 다시 본래대로 되돌아오지요. 지구 그림자에 가려져 불그스레한 달의 모습은 정말 신비롭고 흥미로워요. 개기 월식이 일어날 때 놓치지 말고 꼭 관찰해 보세요(74쪽 참고).

보름달은 음력 15일의 달이 아니다?

조금 가려진 보름달

밤하늘과 지구를 밤새 비추는 보름달은 매우 밝아요. 삭일 때 달은 안 보이지만 별이 잘 보이죠. 보름달일 때는 반대로 달은 아주 밝지만, 별이 잘 보이지 않는답니다.

보름달이 밝은 밤은 한가로이 달구경을 하기에 딱 좋아요. 밤하늘 어딘가엔 내내 보름달이 떠 있어요. 마음이 내키는 대로 밤하늘을 바라다보면 달을 찾을 수 있어요. 달빛이 비치는 밤길 또한 어둡지 않아서 달밤에 산책도 가능하지요.

달구경은 특히 음력(42쪽 참고) 보름날 밤의 달이 유명해요. 삭을 첫날로 계산할 때 15일째 되는 날의 밤이에요. 그중에서도 음력 8월 15일, 한가위가 보름달을 구경하기 가장 좋은 날이에요.

그런데 음력 15일의 달은 사실 월령(44쪽 참고)으로는 보름달에 조금 못 미치고 조금 가려지는 경우가 많답니다(딱 보름달인 경우도 있으며, 14일에 보름달이 되는 경우도 드물게 있어요).

달은 뜨고 지는 사이에도 태양 또는 지구와의 위치가 조금씩 변하면서 모양도 변해 가요. 아주 조금씩 차오르는 보름달을 바라보고 있노라면 왠지 마음도 즐거워져요.

하현달

뜨는 시각 0시~1시경(하지·동지)
1시 30분~2시 30분경(춘분), 23시~0시경(추분)

지는 시각 12시~13시경(하지·동지)
11시~12시경(춘분), 13시 30분~14시 30분경(추분)

*서울 기준

달은 보름달에서 조금씩 이지러지기 시작해요.
이지러지는 부분은 차오르던 부분과 반대쪽이에요.
하현달은 새벽녘 남쪽 하늘에서 상현달과 반대인 왼쪽이 빛나는 반달이에요.
하현달과 상현달은 모양이 비슷해도 볼 수 있는 시간대가 전혀 달라요.

한밤중에 뜨는 달

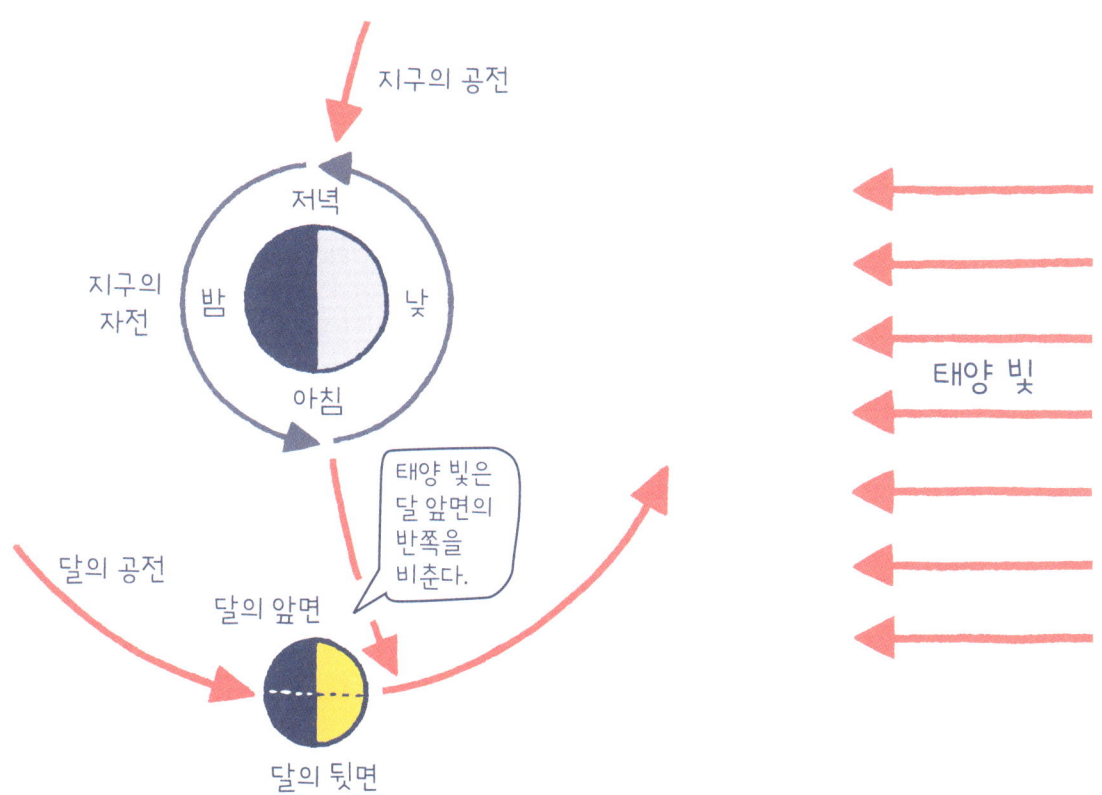

지는 모습을 볼 수 없는 달

하현달은 기다려도 좀처럼 뜨지 않아요. 날짜가 바뀌는 한밤중이 되어야 겨우 떠올라요. 그리고 가장 높이 떠 있는 시간은 동이 틀 무렵이에요.

하현달은 지구에서 볼 때 상현달과는 반대쪽에 있어요. 그래서 상현달과는 반대인 왼쪽에 태양 빛이 비쳐요.

아침에 파란 하늘 위로 하얀 반달이 보인다면 그때는 하현달 즈음일 거예요. 하현달은 밝은 낮 동안에 저물어요. 그래서 하현달이 저무는 건 볼 수가 없어요.

상현과 하현이라는 말에는 몇 가지 유래가 전해 와요. 활 모양의 달이 질 때 활시위가 위로 향해 있으면 상현, 아래로 향해 있으면 하현이라는 이야기가 가장 유명해요. 그런데 이건 틀렸다는 의견도 있어요. 왜냐면 하현달은 지는 모습을 볼 기회가 좀처럼 없기 때문이지요.

또 다른 유래는 음력의 한 달 중에서 초순에 뜨는 것을 상현, 하순에 뜨는 것을 하현이라 이름 붙였다는 거예요. 과연 어느 것이 정답일까요?

하현달도 달 무늬가 잘 보인다

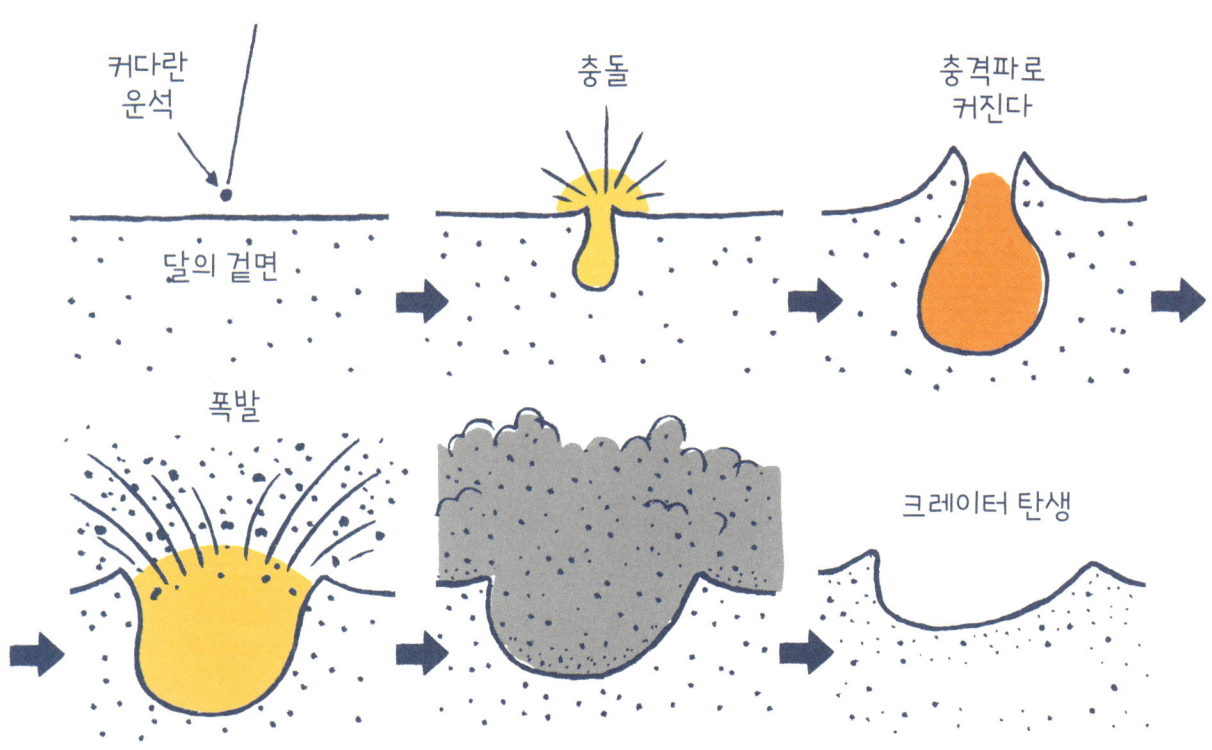

크레이터는 언제 만들어졌을까?

상현달과 마찬가지로 하현달도 태양 빛이 옆으로 비스듬히 비쳐요. 그래서 크레이터 같은 지형을 관찰하기에 좋아요. 다만 한밤중에 달이 뜨기 때문에 졸린 눈을 비벼 가며 깨어 있거나 새벽에 일찍 일어나야만 볼 수 있어요.

상현달에서 볼 수 있는 달 무늬는 토끼의 머리와 상반신이에요. 하현달에서는 토끼의 하반신이고요. 반달의 경계선 부분은 거의 똑같지만 태양 빛이 반대 방향으로 비치므로 망원경으로 자세히 관찰해 보면 느낌이 조금 다를 수 있어요.

구덩이처럼 생긴 크레이터는 어떻게 만들어졌을까요? 과학자들은 수많은 운석이 달과 충돌하면서 생긴 구덩이들이라고 보고 있어요.

달이 생긴 지 얼마 되지 않았을 시기에는 크고 작은 다양한 운석이 자주 충돌했다고 해요. 그 이후 달의 화산 활동으로 커다란 구멍에 용암이 흘러 들어가면서 굳어 버렸어요. 이것이 달의 무늬로 보이는 검고 어두운 부분이에요. 실제로 물은 없지만 '달의 바다'라고 불려요. 지금은 크레이터와 이 검고 어두운 부분에 여러 이름이 붙어 우리에게 아주 친숙한 존재가 되었어요(54~55쪽 참고).

아침에 보이는 하얀 달

지새는달 관찰하기

먼동이 트고 하늘이 밝아져도 하현달은 한동안 하늘에 떠 있어요. 이처럼 해가 뜬 후에도 서쪽 하늘에 아직 떠 있는 달을 '지새는달'이라고 해요. 하현달뿐만 아니라 음력으로 열엿샛날 이후 아침까지 떠 있는 달을 모두 지새는달이라고 불러요.

달의 이름은 차고 이지러지는 모양에 따라 붙여지기도 하지만(23쪽 참고) 지새는달처럼 보이는 시각에 따라 붙여지기도 해요 (34쪽 참고).

어두운 밤에 달은 노란빛을 띠어요. 그런데 밝은 파란 하늘에서 볼 수 있는 달은 하얗게 보여요. 이는 하늘을 파랗게 보이게 만드는 강한 태양 빛 때문이에요. 태양 빛은 무지개 같은 다양한 빛깔의 광선들이 뒤섞여 있어요. 그 빛이 지구의 대기와 부딪히면 파란빛이 산란되면서 하늘이 파랗게 보이는 거예요. 태양이 떠 있는 낮에는 이 파란빛의 영향을 받기 때문에 달이 하얗게 보인답니다. 하현달은 삭을 첫째 날로 치면 23일째 전후에 볼 수 있어요.

그믐달

뜨는 시각 2시~3시경(하지), 3시 30분~5시경(동지)
지는 시각 16시~17시 30분경(하지), 14시~15시 30분경(동지)
＊서울 기준

달님은 상당히 가늘어지고, 이제 곧 다시 삭을 맞이할 때가 되었어요.
그믐달은 삭이 되기 조금 전의 가느다란 달이에요.
기다려도 좀처럼 뜨지 않는 이 달님은 동이 틀 무렵에서야 겨우 모습을 드러내요.
새벽 일찍 일어나 그믐달을 관찰해 보세요.

동트기 전에 뜨는 달

초승달을 뒤집은 모양

초승달은 점점 살이 오르면서 보름달이 되었다가 이번엔 반대쪽이 가려지기 시작해요. 그러다 초승달을 뒤집은 것처럼(실제로는 초승달보다 조금 굵어요) 가늘어진 달이 26일째의 그믐달이에요. '아침의 초승달'이라고 해도 좋을 것 같다고요? 하지만 초승달이라고 부를 수는 없겠지요.

그믐달은 한밤중에도 모습을 드러내지 않아요. 동이 틀 무렵이 되어서야 겨우 떠오르기 시작해요. 그러니까 그믐달을 보려면 밤을 지새우기보다는 새벽 일찍 일어나는 것이 더 나을 수 있어요. 그런데 그믐달은 무척 가는 데다가 빛까지 흐릿해서 하늘이 밝아지면 금세 사라져 버려요.

노을 진 하늘의 초승달도 아름답지만, 새벽녘 하늘에 나타나는 그믐달도 정말 아름다워요. 가느다란 모양 때문에 초승달과 마찬가지로 '눈썹달'이라 불리기도 해요.

그믐달에서도 초승달처럼 지구의 반사 빛을 볼 수 있어요(18쪽 참고). 단, 하늘이 점점 밝아지고 있으므로 직접 눈으로 보는 건 조금 어려울 수 있어요.

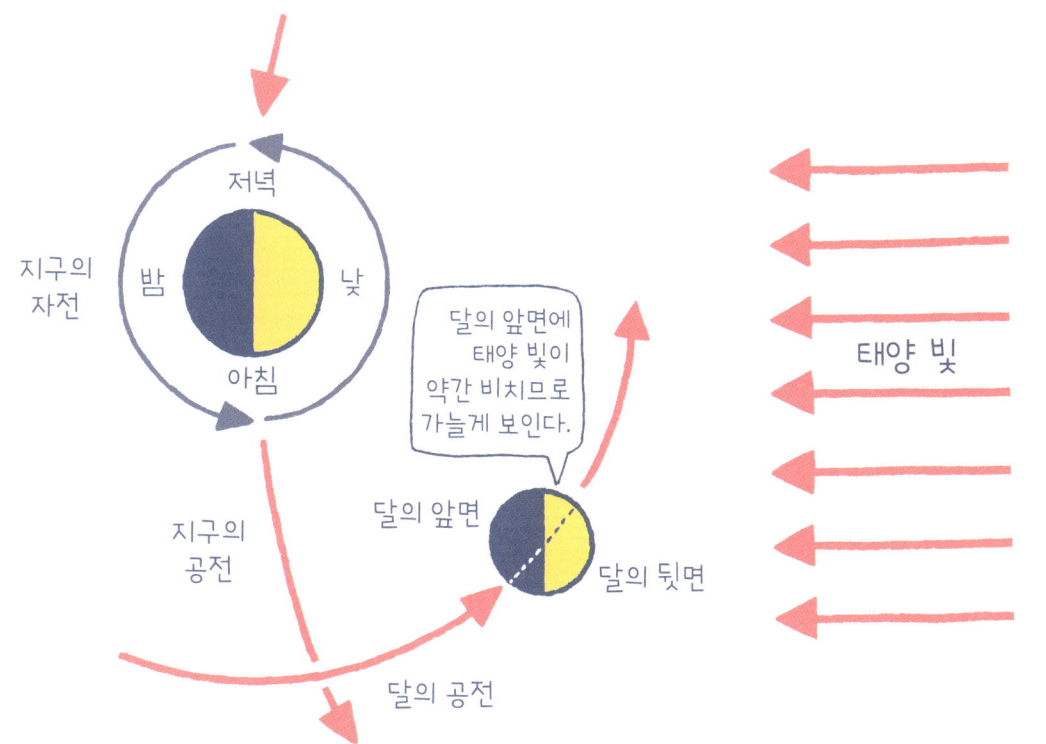

새벽하늘의 달님과 샛별

금성을 함께 관찰하기

동이 트기 전, 순간적으로 달과 착각할 만큼 밝게 빛나는 천체를 본 적이 있나요? 이 천체는 샛별이라 불리는 금성이에요. 금성은 밤하늘에서 달을 제외하고 어떤 별보다 더 밝게 빛나요.

금성은 행성 중에서 지구와 가장 가까워요. 행성이란 지구처럼 태양 주위를 도는 천체예요. 금성은 달이나 지구와 마찬가지로 태양 빛을 반사해서 빛을 내요. 지구와 거리가 가까워서 망원경으로 관측하면 달처럼 차고 이지러지는 모습을 볼 수 있답니다.

지구보다 가까이서 태양 주위를 돌고 있는 금성은 새벽녘이나 해 질 녘에 볼 수 있어요. 금성의 움직임은 계절에 따라 조금씩 위치가 이동하는 다른 별들과는 달라요. 그래서 언제 어디서 볼 수 있는지는 책이나 인터넷으로 조사해야 해요.

그믐달은 동틀 무렵 동쪽 하늘에 뜨기 때문에 금성이 근처에 보일 때도 있어요(마찬가지로 초승달과 금성이 나란히 뜰 때도 있어요). 희미하게 날이 밝아 오는 새벽하늘에 가느다란 달과 반짝이는 행성이 보석처럼 나란히 빛나는 모습은 분명 기억에 남을 풍경이 될 거예요.

달의 이름 2 | 시각에 따라 붙여진 이름

'어스름'은 해가 진 다음이나 뜨기 전 얼마 동안 주위가 환한 상태를 말해요. 어둠과 밝음이 교차하는 무렵에 뜨는 달을 '어스름달'이라 불러요.

어스름달은 달이 떠 있는 때에 따라 붙여진 이름이지만, 으스름달은 달이 비치는 모양에 따라 붙여진 이름이에요. 달빛이 침침하고 좀 흐릿한 상태의 달이지요. 안개가 많이 낀 새벽녘이나 조금 흐린 날에는 이런 으스름달을 볼 수 있어요.

먼동이 튼 뒤 서쪽 하늘에 보이는 달을 '지새는달' 또는 줄여서 '지샌달'이라고 해요. 밤을 지새운 다음에 떠 있는 달이라는 뜻이에요. 지샌달은 어스름달의 한 가지예요.

날마다 변하는 달의 모습

달이 차고 이지러지는 이유

달은 왜 떨어지지 않을까?

달은 약 27.3일에 걸쳐 지구 주위를 한 바퀴 돌면서 태양 빛을 반사하여 빛을 내요. 지구에서 달을 바라보면 태양 빛이 비치는 부분은 하루하루 계속 변해요.

지구에서 바라볼 때 달이 태양 쪽에 있을 때가 삭이에요. 지구에서는 태양 빛이 비친 면을 볼 수 없으므로 달의 모습은 보이지 않아요.

반대로 달이 태양의 반대쪽에 있을 때가 보름달이에요. 지구에서는 빛을 받은 달의 전체 면이 보이므로 달이 둥글게 보여요.

달은 삭부터 조금씩 살이 오르면서 반원 모양의 상현달이 되고 점차 보름달이 돼요. 그리고 차츰 보름달에서 다시 조금씩 가늘어지다가 상현달과 대칭인 반원 모양의 하현달, 그리고 다시 삭이 되어요. 달이 차고 이지러지는 이 순환 과정을 '위상 변화'라고 해요.

달은 왜 지구 주위를 쉬지 않고 계속 돌 수 있는 걸까요? 그것은 지구가 달을 당기는 인력과 달이 지구를 돌 때 생기는 원심력이 균형을 이루고 있기 때문이에요.

지구는 이렇게 지구 주위를 빙글빙글 도는 달을 품고서 태양 주위를 1년(365일)에 한 바퀴 돌고 있어요(64쪽 참고).

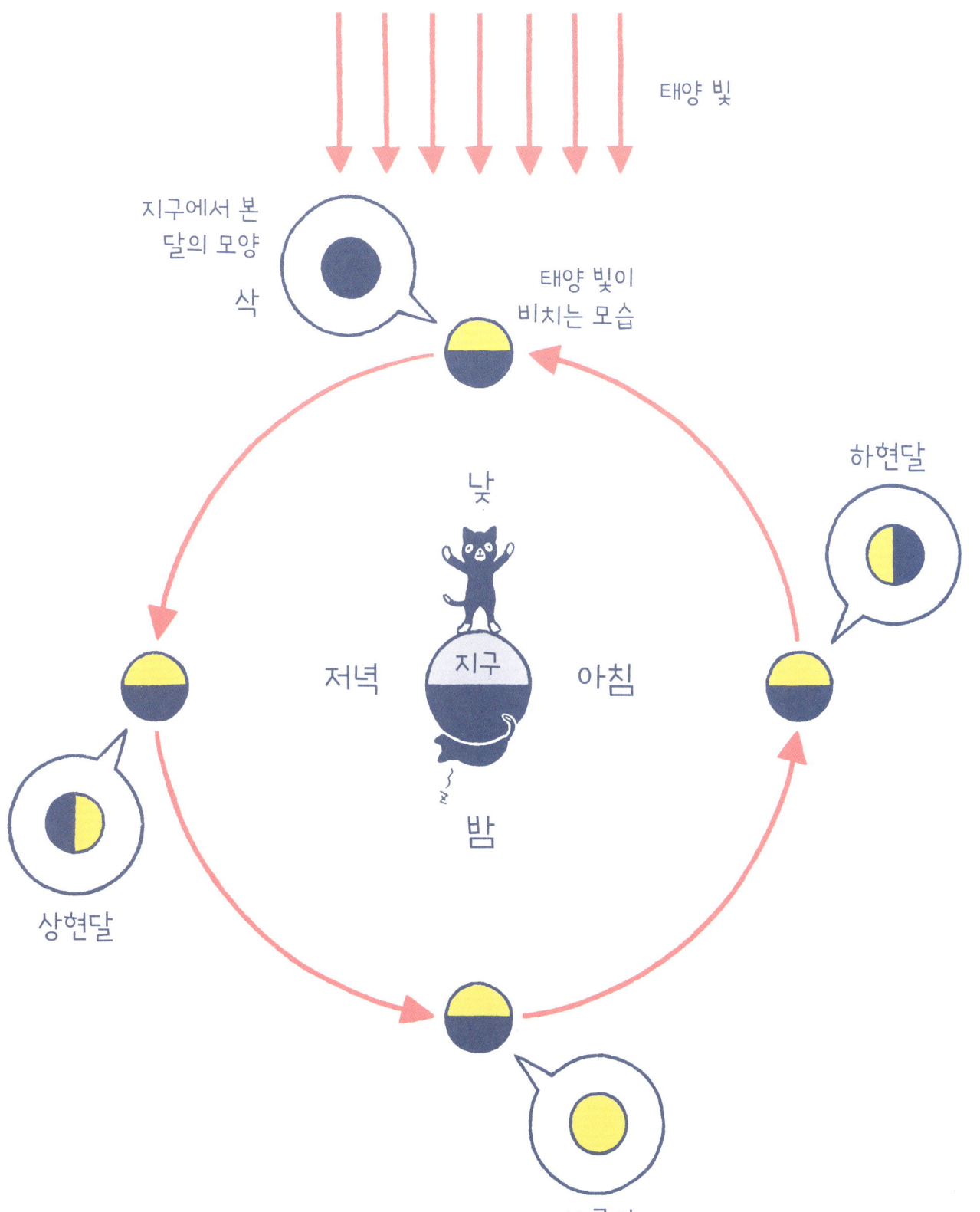

달이 뜨는 시각은 왜 날마다 늦어질까?

달의 공전과 지구의 공전

달은 동쪽 지평선에서 뜨는 시간이 매일 약 50분씩 늦어져요. 그래서 옛날 우리 조상들은 점점 늦게 뜨는 달을 기다리며 달에 여러 가지 이름을 붙였어요. 그럼 달 뜨는 시각이 매일 늦어지는 이유는 무엇일까요?

그 이유는 앞에서 설명했듯이 달이 27.3일에 걸쳐 지구 주위를 한 바퀴 돌기 위해 날마다 조금씩 이동하기 때문이에요. 이러한 달의 움직임을 '공전'이라고 해요.

달이 공전함에 따라 달은 지구에서 볼 때 동쪽으로 매일 약 13도씩 움직이는 것처럼 보여요. 이 13도를 시간으로 환산하면 약 50분이 돼요. 단, 계절이나 장소(위도)에 따라서 늦어지는 시간은 달라져요.

달이 공전, 즉 지구 주위를 한 바퀴 도는 데 걸리는 시간은 27.3일이에요. 그런데 달의 위상 주기는 29.5일이에요. 이렇게 차이가 나는 이유는 무엇일까요?

달이 지구 주위를 돌 때 지구는 태양 주위를 돌고 있어요. 달이 지구 주위를 한 바퀴 도는 동안 지구는 태양 주위를 27도만큼 움직여요. 달의 위상이 한 주기를 완료하려면 달은 이 차이만큼 더 움직여야 해요. 이에 걸리는 시간이 2.2일이므로 27.3+2.2=29.5일이 된답니다.

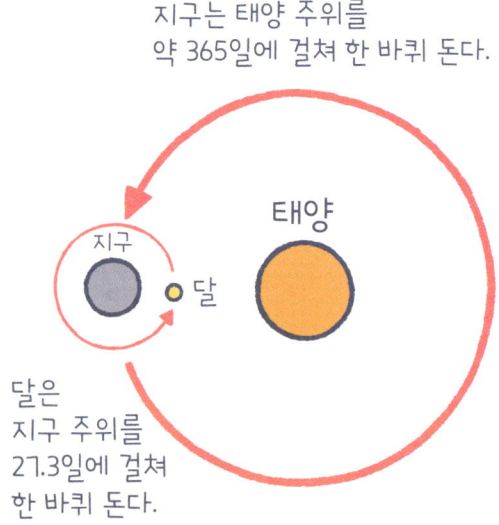

지구는 태양 주위를 약 365일에 걸쳐 한 바퀴 돈다.

달은 지구 주위를 27.3일에 걸쳐 한 바퀴 돈다.

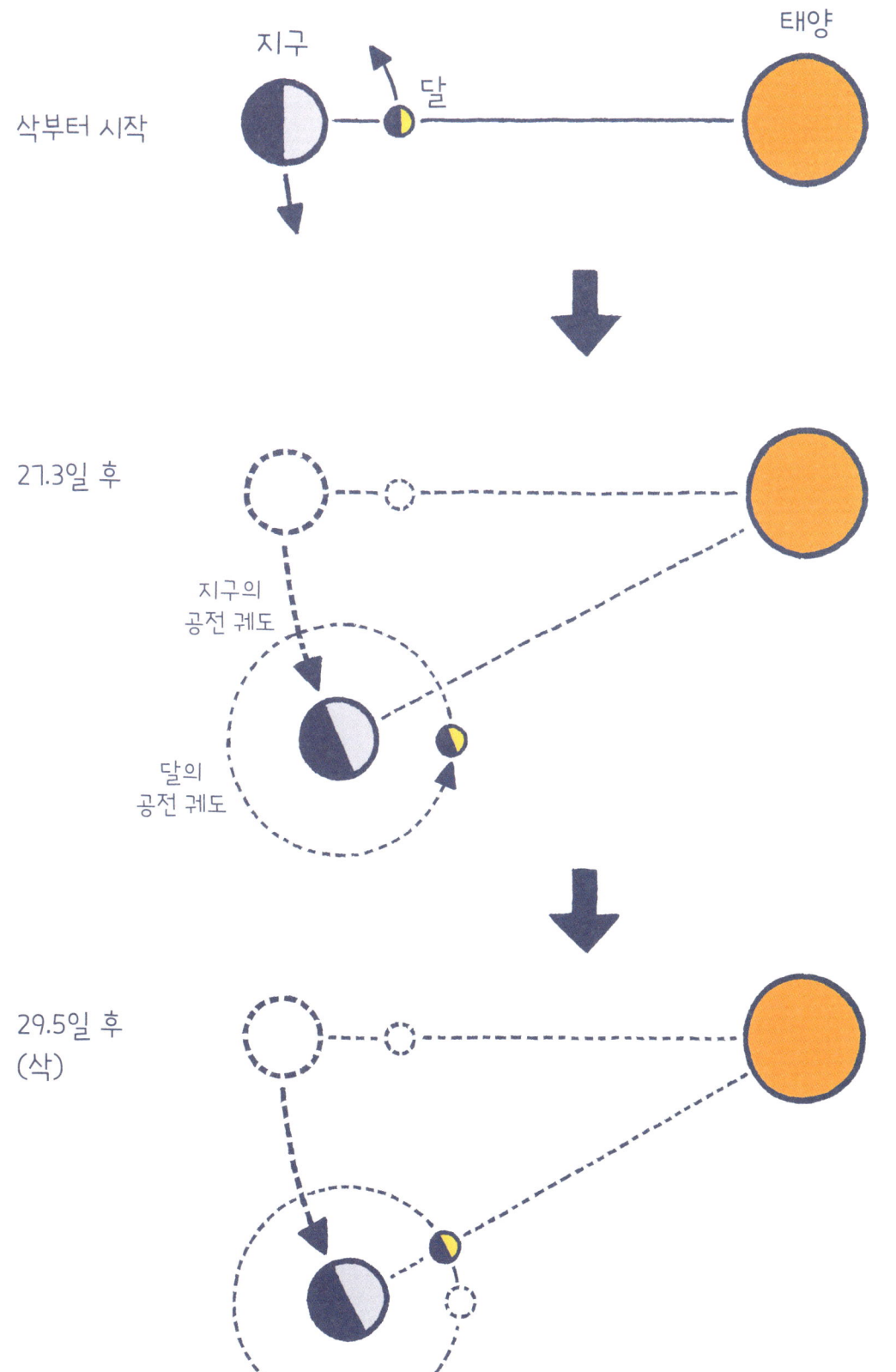

보름달이 뜨는 장소와 높이는 왜 달라질까?

달은 태양과 반대로 겨울에는 높게, 여름에는 낮게 뜬다

지평선으로부터 두둥실 떠오르는 달이 둥근 보름달이면 달이 훨씬 더 커 보여요. 혹시 달이 뜨는 위치가 지난번과 조금 다르다고 느낀 적은 없나요? 매번 똑같은 장소에서 보는 건 아니니까 잘 느끼지 못했을 수도 있어요.

겨울에 뜬 보름달이 다른 계절의 보름달보다 훨씬 더 높이 떠 있는 것 같은 느낌을 받은 적은 없나요? 단지 공기가 맑아서 그랬을까요?

사실 보름달은 그 높이와 뜨는 장소가 계절에 따라 바뀐답니다. 태양을 생각해 보면 금방 이해할 수 있어요. 여름의 태양은 높은 하늘에서 쨍쨍 빛나고 있지요? 겨울에는 다소 힘이 빠진 듯 낮은 위치에 떠 있어요. 보름달은 이와 반대랍니다.

하늘에는 지구의 적도와 같은 '천구 적도'라는 것이 있어요. 여름의 태양은 천구 적도의 북쪽으로, 겨울의 태양은 천구 적도의 남쪽으로 치우쳐져 있어요. 한편 황도는 태양이 1년에 걸쳐 하늘을 이동하는 길을 말하는데, 달도 대략 이와 비슷하게 이동해요.

보름달은 앞에서 설명했듯이 지구를 사이에 두고 태양의 반대쪽에 위치해요. 그러면 태양과는 반대로, 여름의 보름달은 천구 적도의 남쪽으로, 겨울의 보름달은 북쪽으로 치우쳐져요. 그래서 보름달은 여름에는 낮게, 겨울에는 높게 뜬답니다.

한편 상현달과 하현달은 여름과 겨울에는 거의 동쪽에서 떴다가 서쪽으로 져요. 하지만 봄이나 가을에는 높이와 장소가 완전히 달라져요.

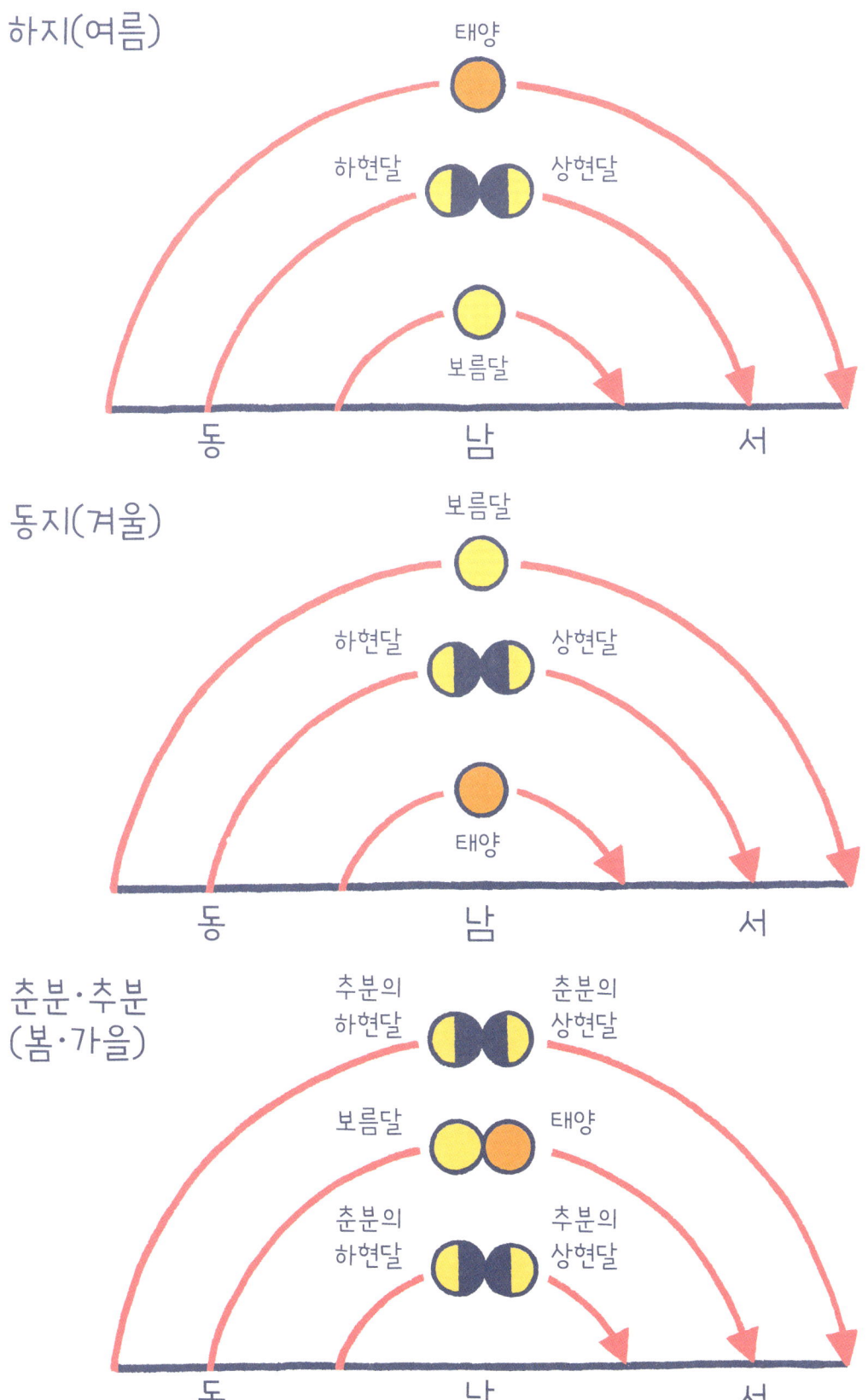

달과 달력

태양과 달의 움직임에 따르다

양력과 음력

옛날 우리 조상들은 달을 보며 몇 월 며칠인지 날짜를 셌어요. 그러니까 달이 지금의 달력 역할을 했던 것이죠. 옛날에 달력은 달의 위상 변화를 토대로 만들어졌어요. 이를 음력이라고 해요. 태음력이라고도 하는데, 태음은 달을 의미해요.

옛날에는 삭이 항상 새로운 달의 시작이었어요. 보름달은 15~16일경이에요. 달력을 보지 않아도 달만 보면 오늘이 며칠인지를 알 수 있었던 거죠. 그런데 음력을 사용하다 보면 조금 곤란한 일이 생긴답니다.

현재 전 세계에서 사용되는 날짜는 태양의 움직임을 토대로 만든 양력(태양력이라고도 해요)을 기준으로 한 거예요. 한 달은 대략 30일 또는 31일, 1년은 약 365일이죠. 그런데 음력의 한 달은 29일 또는 30일로, 1년으로 환산하면 양력보다 11일이 부족해요. 그래서 음력을 계속 사용하면 날짜와 계절이 차츰 어긋나 버려요.

그래서 이 차이를 조정하기 위해 '윤달'을 약 3년마다 한 번씩 넣기로 했어요. 그런데 그렇게 하면 그 해는 1년이 13개월이 돼 버려요! 현대에 사용하기엔 매우 불편하고 곤란한 일이 많이 생길 수 있어요. 그래서 지금은 태양력을 사용한답니다. 옛날에 사용했던 달력은 음력과 양력을 합쳐서 만들었기 때문에 '태음 태양력' 또는 현재는 사용하지 않기 때문에 '구력'이라고도 불려요.

한 달 한 달을 결정짓는 24절기

음력은 앞에서 설명했듯이 약 3년마다 한 번 윤달이 들어가요. 언제 들어가는지는 24절기에 따라 결정돼요.

지구는 태양 주위를 1년(365일)에 한 바퀴(360도) 회전해요. 지구에서 바라봤을 때 태양이 지나가는 길을 15도씩 24등분해서 계절을 구분한 것이 바로 24절기예요. 하지나 동지, 입춘이나 입추 등이 모두 24절기 중 하나예요.

24절기는 절기와 중기가 교대로 배열돼요. 춘분점(천구 적도와 황도가 교차하는 점 중의 하나)을 기점으로 태양이 지나는 길을 12등분할 때 중기는 태양이 등분점을 통과하는 순간 또는 이를 포함한 날이에요. 또한 절기는 태양이 등분점의 중간을 통과하는 순간 또는 이를 포함한 날이에요. 음력에서는 달이 속한 중기에 따라 몇 월인지가 결정되는데, 약 3년에 한 번 중기가 없는 달이 생겨요. 이것이 윤달로, 예를 들어 직전 달이 5월이면 '윤오월'이라고 해요.

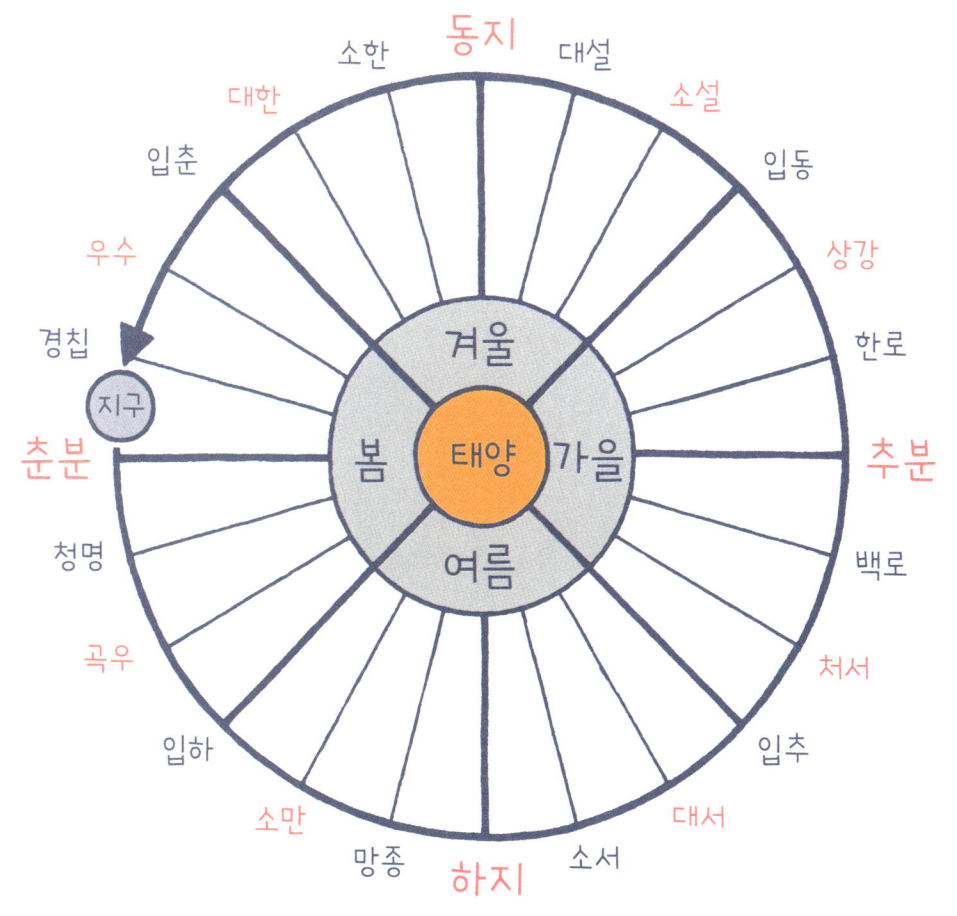

＊분홍색 표기는 중기

달의 위상을 1일 단위로 표시한 월령

삭의 0부터 시작

신문이나 인터넷으로 달의 위상을 검색하다 보면 달나이를 뜻하는 '월령'이 자주 나와요. 이 숫자는 무엇을 의미할까요?

월령은 삭이 되는 순간을 0으로 하여 그로부터 세는 일수예요. 몇 시의 월령인지 표기가 없다면 대부분 정오의 월령을 의미해요. 삭인 날의 정오 월령이 0.4라면 정오보다 0.4일 전이 삭을 맞이하는 순간이라는 뜻이에요. 그런데 하늘이 어두워져야 달이 보이므로 실제로 눈에 보이는 위상은 표시된 숫자보다 더 진행된 경우가 대부분이에요. 그래서 21시의 월령을 표기하는 경우도 많아요.

월령은 삭인 날이 0.4이면 다음 날은 1.4, 그다음 날은 2.4와 같이 소수점 이하는 그대로이고 1씩 늘어나요. 그리고 달의 위상이 한 주기가 끝나고 또다시 삭이 되면 0이 되면서 새로운 주기가 다시 시작돼요.

월령은 삭이 0, 상현달이 7 전후, 보름달이 15 전후, 하현달이 22 전후, 그리고 30에 가까워지면 그 다음 삭이 가까워졌다는 뜻이에요. 한편 음력은 삭이 그달의 초하루(1일)이므로 월령과 날짜는 1일 정도 차이가 나요.

달 모양	삭	상현달	보름달	하현달	삭
대략적인 월령	0	7.4	14.8	22.1	29.5
음력 날짜	1일	8일 정도	16일 정도	23일 정도	1일

한가위 달맞이 풍습

크고 밝은 한가위 보름달

음력 8월 15일은 중추절이라 하여 달구경 하기 좋은 날로 알려져 있어요. 이것은 옛날 중국에서 전해 내려온 풍습이에요. 중추(中秋)는 음력 8월을 말하는데, 가을에 작물을 수확하는 시기지요.

한국에서 음력 8월 15일은 추석인데 한가위라고 불러요. '한'은 '크다'라는 의미이고, '가위'는 '가운데'라는 의미를 가진 옛말이에요. 그래서 한가위는 8월의 한가운데, 가장 큰 날을 뜻해요.

추석이 되면 들판의 곡식은 황금빛으로 변하고 과일들도 풍성하게 익어요. 1년 중 가장 풍요로운 날이지요. 또 추석 때는 반달 모양의 송편을 만들어 먹어요. 반달 모양은 달에게 소원을 비는 풍속에서 생겨났어요. 시간이 지날수록 커지는 달을 생각하며 반달 모양의 송편을 만들기 시작했지요. 그리고 추석에는 추수의 기쁨과 감사의 마음으로 차례를 지내고 여럿이 함께 모여 씨름, 강강술래, 농악 등의 놀이를 즐겼어요.

보름달은 여름에는 낮게 겨울에는 높게 떠요(40쪽 참고). 가을은 그 중간 높이로 뜨므로 달구경 하기에 딱 적당한 높이가 된답니다.

음력 15일의 달은 보름달이 아닌 경우가 많다고 앞서 설명했어요(27쪽 참고). 물론 꼭 가을의 보름달이 아니더라도 달은 언제나 아름

답지요. 계절마다 다양한 모양의 달을 관찰하다 보면 마음에 쏙 드는 나만의 달을 찾을 수 있을 거예요.

옛날 사람들은 연못이나 술잔 위에 달의 모습을 비추며 달밤을 즐겼다고 해요. 이처럼 달맞이에는 다양한 역사와 문화가 어우러져 있답니다.

블루문은 파랗다?

블루문이라는 말을 들어 본 적이 있나요? 블루문은 정말 파란 달일까요?

매달 삭부터 시작되는 음력과는 달리 오늘날 사용하는 달력에서는 한 달에 두 번 보름달이 뜨는 경우가 있어요. 그중에서 두 번째 보름달을 블루문이라고 해요.

영어에 '원스인어블루문(once in a blue moon)'이라는 말이 있는데 '매우 드문 일'이라는 뜻이에요. 블루문은 좀처럼 볼 수 없는 정말 드문 달이라는 의미지요. 그런데 정말 달이 파랗게 보이는 건 아니랍니다.

블루문은 천문학적 정의가 아니라 어디까지나 사람들 사이에서 관용적으로 쓰이는 말이에요. 어쨌건 한 달에 두 번이나 밝은 보름달을 볼 수 있으니 정말 행운이지요. 그래서 블루문을 보면 행운이 찾아온다는 이야기도 있어요.

2장
달과 지구

달 무늬를 관찰해 보자

토끼로 보이니?

둥근 달을 바라보고 있으면 표면에 어떤 무늬가 있다는 걸 알 수 있을 거예요. 그리고 자세히 보고 있으면 무언가와 닮아 보여요.

옛날 우리 조상들도 이 무늬를 바라보면서 무엇을 닮았는지 상상하는 놀이를 즐겼다고 해요. 혹시 토끼가 아닌 다른 어떤 무늬가 보이나요?

너구리 부자

떡방아 찧는 토끼

게

책 읽는 할머니

달의 앞면

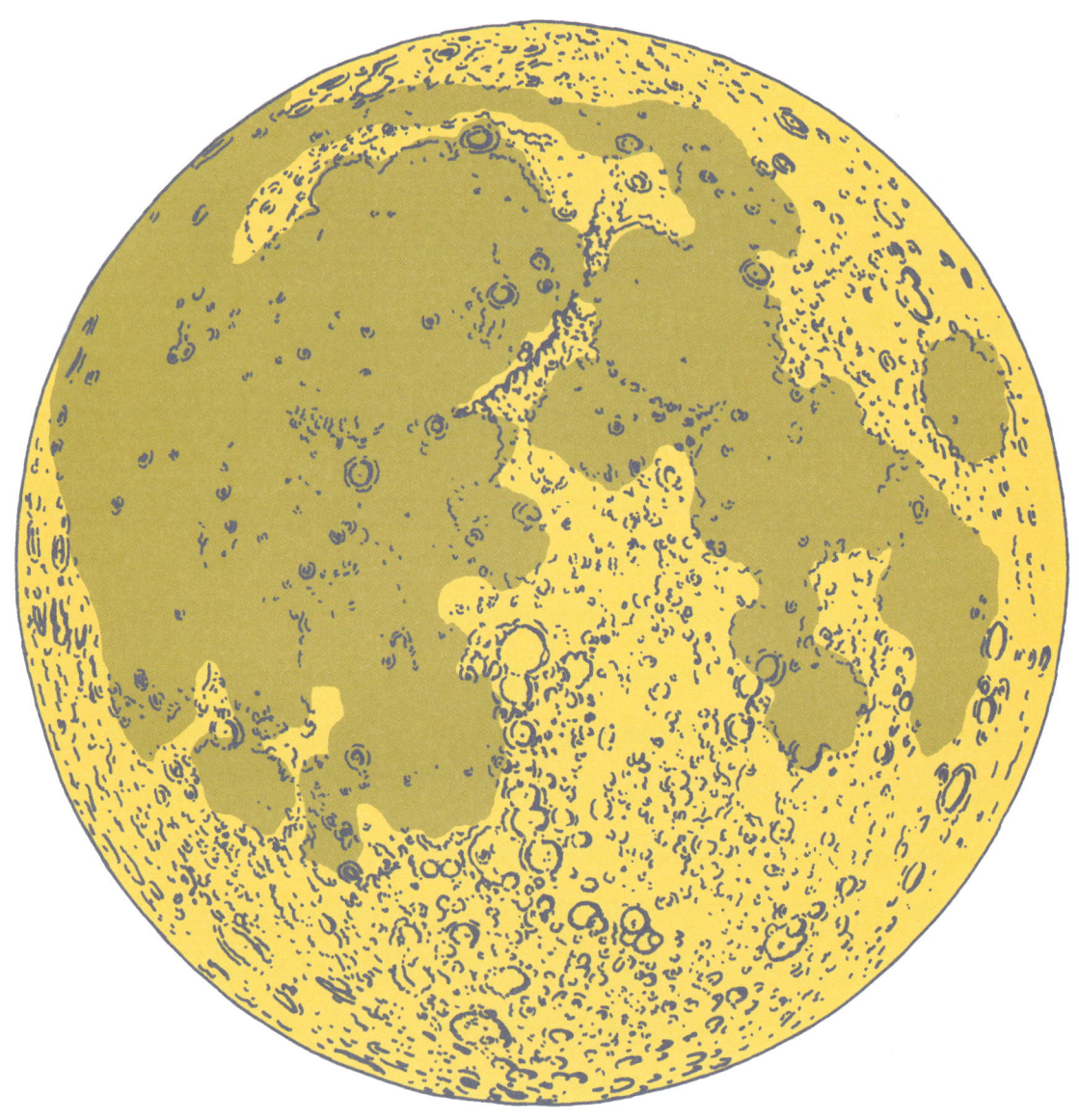

울퉁불퉁한 달

지구에서는 항상 달의 앞면만을 볼 수 있어요. 하지만 하늘에 떠 있는 보름달은 너무 눈이 부셔서 관찰하기가 조금 어려울 수 있어요.

이 그림은 망원경으로 본 달 표면을 나타낸 지도예요.

달 표면은 매우 울퉁불퉁하며, 특징이 있는 지형에는 이름을 붙여 놓았어요. 51쪽의 이름과 비교하면서 다양한 지형을 관찰해 보세요.

실제로는 이 그림보다 위아래 또는 좌우가 더 많이 보이기도 해요(66쪽 참고).

위의 그림은 50쪽의 달 표면 지도에 대표적인 지명을 표시한 거예요. 작은 글씨는 구멍처럼 생긴 크레이터들의 이름이에요.

달의 지형에는 크레이터 외에 바다, 산맥, 골짜기 등이 있어요. 산맥과 골짜기는 지구와 마찬가지로 높은 곳과 낮은 곳이에요. 하지만 달의 바다에는 지구와 달리 물이 없어요. 달의 바다는 커다란 크레이터에 용암이 흘러 들어가 응고된 지형이에요(54쪽 참고). 달의 앞면은 바다 지형이 많은 게 특징이에요. 바다는 망원경을 사용하지 않고도 잘 볼 수 있어요. 달이 낮게 떠 있는 동안에 자세히 관찰해 보세요.

달의 뒷면

지구에서는 볼 수 없는 뒷면

달의 뒷면과 50쪽 달의 앞면을 비교해 보세요. 뒷면에는 앞면보다 크레이터가 훨씬 많아요. 앞면이 조금 심심해 보일 정도예요. 반대로 뒷면에는 바다가 매우 적어요.

달은 항상 앞면을 지구로 향하고 있어서 지구에서는 뒷면을 볼 수 없어요. 그래서 달의 뒷면 지도는 달을 조사하는 탐사기가 관찰하며 찍은 사진과 데이터를 우주로부터 수신해 만들었어요. 달의 뒷면을 볼 수 없는 이유에 대해서는 66쪽에서 자세히 설명할게요.

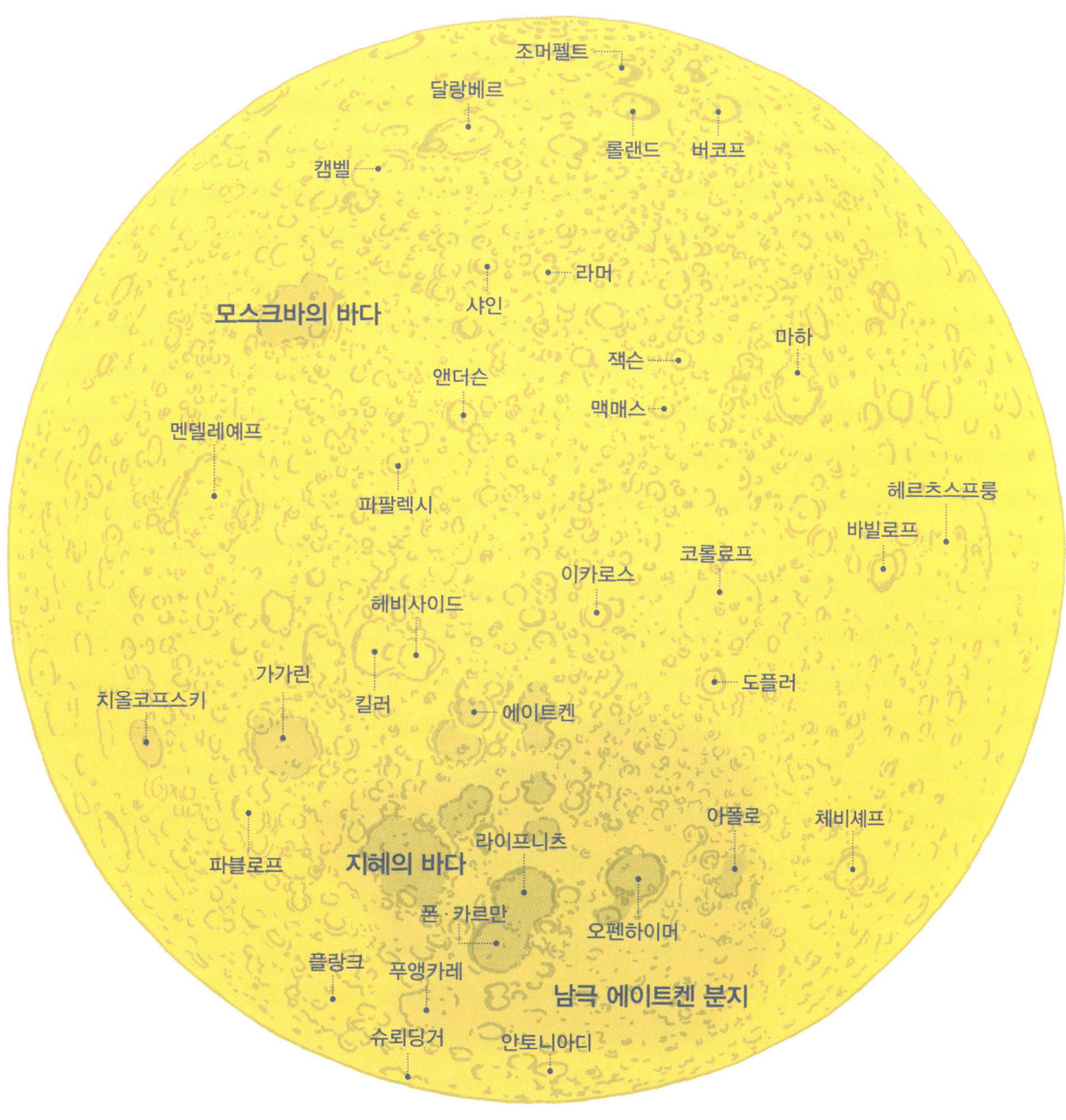

위 그림은 52쪽의 달 표면 지도에다 대표적인 지명을 표시한 거예요. 작은 글씨로 쓰인 것은 크레이터 이름이에요. 크레이터란 그리스어로 컵 또는 그릇이라는 뜻이에요. 크레이터는 망원경으로 달을 처음 관찰한 천문학자 갈릴레오가 발견했어요.

크레이터에 붙여진 이름 중에는 아마도 들어 본 적이 있어 익숙한 이름들이 있을 거예요. 크레이터에 이름을 붙이는 방법에는 몇 가지 규칙이 있답니다(55쪽 참고).

달이 만들어진 과정

달에 있는 다양한 지형을 살펴보자

달의 바다에는 물이 없다

50~51쪽 달 표면 지도를 자세히 보면 달에도 지구처럼 다양한 지형들이 있다는 것을 알 수 있어요. 하지만 지구와는 조금 다른 점도 있답니다.

가장 눈에 띄는 것은 구덩이처럼 쑥 들어간 크고 작은 지형, 크레이터예요. 크레이터는 커다란 운석이 달과 충돌하면서 생긴 거예요(30쪽 참고). 지구에도 크레이터가 있는데, 화산 분화로 생긴 것도 있고 달처럼 운석이 떨어져 생긴 것도 있어요.

또 하나 지구와 다른점은 검고 어둡게 보이는 바다예요. 바다라고 해서 물이 있는 건 아니에요. 달의 바다는 옛날에 거대한 크레이터가 생겨난 이후 크레이터로 흘러 들어간 용암이 굳으면서 생긴 지형이에요. 바다 말고도 대양, 호수, 늪, 만도 있는데 모두 똑같은 과정으로 생겨났어요. 예전에 달의 관측이 막 시작되었던 초기에는 이 지형에 물이 있을 거라고 믿었다고 해요.

바다인데 물이 없다고?

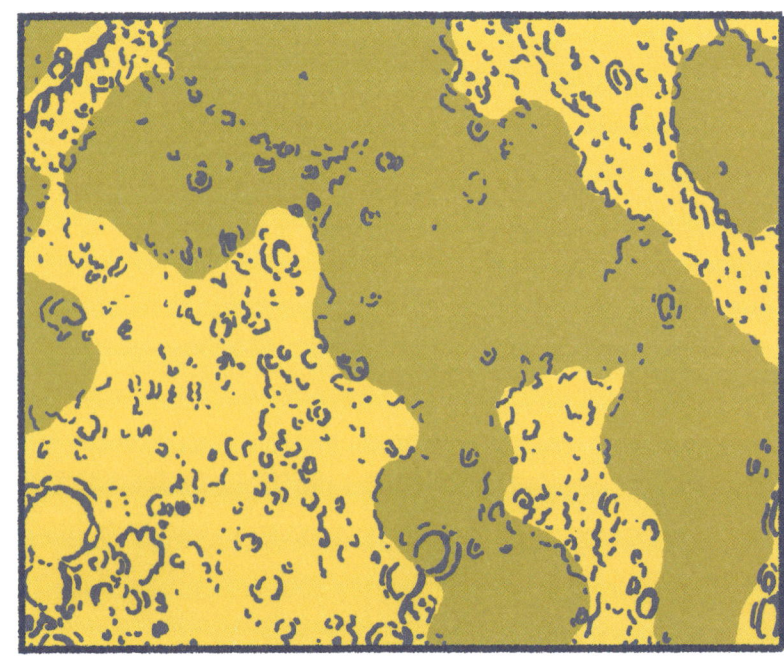

달의 바다는 앞면에는 많지만, 뒷면에는 거의 없어요. 그 이유에 대해서는 아직 밝혀지지 않았어요.

산이나 산맥은 바다 주변에 있어요. 이들은 원래 커다란 크레이터였던 구멍 주위에 융기(땅이 높아지는 것)가 일어난 부분이에요.

이 책에서는 대표적인 이름만을 소개했는데 실제로는 훨씬 더 많은 지명이 있어요. 보고만 있어도 마치 달을 여행하는 듯한 느낌이 들지 않나요?

달의 지형에 이름을 붙이는 방법

달에는 다양한 지형이 있어요. 신기한 이름, 한 번도 들어 본 적이 없는 이름 등 지형만큼이나 그 이름의 종류도 다양해요. 그런데 지형에 이름을 붙이는 데는 몇 가지 규칙이 있답니다.

커다란 크레이터에는 이미 세상을 떠난 과학자, 학자, 예술가의 이름을 붙여요. 작은 크레이터에는 일반적인 흔한 이름(성이 아닌 이름만 가능)을 붙이지요.

바다나 만에는 라틴어로 날씨를 뜻하는 단어 또는 추상적인 단어를 붙여요.

골짜기에는 그 근처에 있는 크레이터의 이름, 산이나 산맥에는 지구 산맥의 이름 또는 그 근처의 크레이터 이름을 붙여요.

이러한 이름들은 개인이 마음대로 지을 수 있는 게 아니에요. 행성 등 다른 천체의 지명을 포함해 국제천문학연합(IAU:International Astronomical Union)에서 정식으로 붙인답니다.

크레이터에 이름이 쓰인 위인들

케플러
천문학자.
'케플러 법칙'으로 유명해요.

코페르니쿠스
천문학자.
지동설을 주장했어요.

달은 무엇으로 이루어져 있을까?

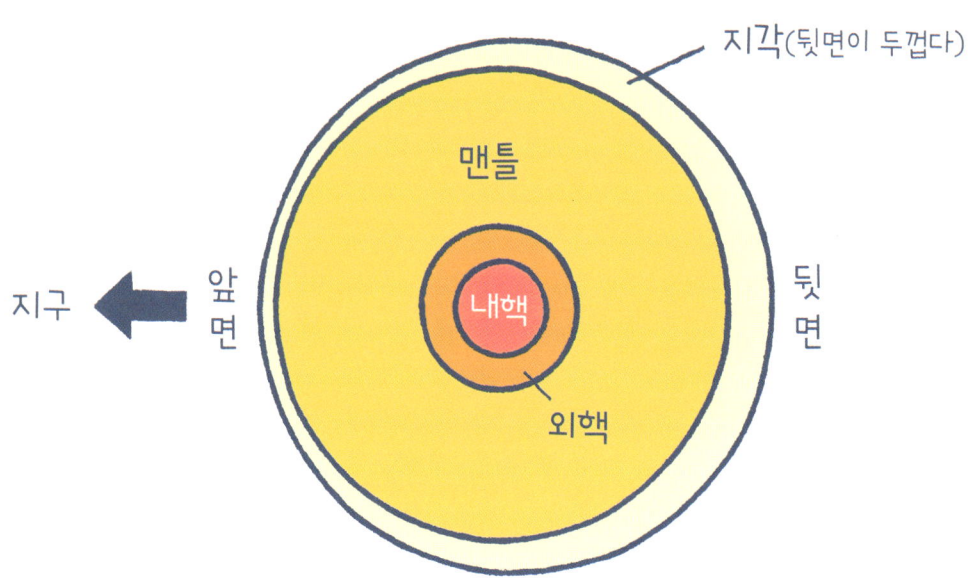

달에는 대기가 없다

달은 지구처럼 단단한 암석으로 만들어진 천체예요. 속은 무엇으로 이루어져 있을까요?

달의 겉면은 암석으로 된 '지각'이에요. 지구와 마주 보고 있는 달의 앞면은 달의 뒷면보다 지각의 두께가 더 얇아요. 그래서 달의 무게 중심은 정중앙이 아니라 지구와 가까운 앞면 쪽으로 쏠려 있어요. 달이 항상 같은 면으로 지구를 마주 보고 있는 것은 이 때문이에요(66쪽 참고). 달의 표면은 레골리스라고 하는 미세한 모래로 덮여 있어요.

지각 밑에는 핵을 둘러싸고 있는 두꺼운 암석층인 '맨틀'이 있어요. 중심과 가까운 곳은 녹아서 액체 상태인 것으로 추측되고 있어요. 달의 중심에는 금속으로 된 '핵'이 있어요. 핵의 바깥쪽(외핵)은 액체 금속으로, 안쪽(내핵)은 고체 금속으로 이루어져 있어요.

이처럼 달도 지구와 마찬가지로 지각·맨틀·핵으로 구성되어 있지요. 그런데 달에는 지구의 공기와 같은 대기가 거의 없어요. 그래서 소리도 들리지 않고 바람도 불지 않아요. 태양 빛도 직접 내리쬐므로 낮에는 120도의 폭염, 밤에는 -170도의 혹한이 돼요. 또 우주에서 날아오는 위험 에너지 입자가 여과 없이 떨어져 내려요. 이처럼 달은 지구와 달리 사람이 살기에는 너무나 혹독한 환경이랍니다.

달은 어떻게 탄생했을까?

달은 지구가 낳은 천체?

달이 어떻게 탄생했는지에 대한 몇 가지 설이 있어요. 그중에서 가장 유력한 것은 '자이언트 임팩트설'이에요.

46억 년 전쯤에 가장 먼저 태양이 탄생했어요. 이윽고 태양을 둘러싼 가스와 먼지 가운데서 지구와 여러 행성이 탄생했지요.

그러던 어느 날, 태어난 지 얼마 되지 않은 지구에 화성만 한 크기의 천체가 충돌해요. 충돌 때문에 떨어져 나간 지구의 일부와 충돌한 천체의 일부가 우주로 퍼져 나갔어요. 그리고 인력(떨어져 있는 물체끼리 서로 끌어당기는 힘)에 의해 지구 주위를 빙글빙글 돌기 시작해요. 그렇게 한 달 동안 조각들이 모이고 뭉치면서 탄생한 천체가 바로 달이라는 거지요.

그렇게 태어난 달은 처음엔 지구 바로 옆에 있었지만, 점점 멀어지면서 지금은 지구 지름의 30배 정도 되는 거리에 있어요. 지금도 달은 해마다 약 3.8cm씩 지구로부터 멀어지고 있어요. 이 때문에 달의 공전과 지구의 자전은 조금씩 그 속도가 줄어들고 있어요(69쪽 참고).

달이 멀어지면 우리 눈에 보이는 크기도 작아져요. 그래서 먼 미래에는 달이 태양을 가리는 '개기 일식'(14쪽 참고)이 사라질 거라고 해요.

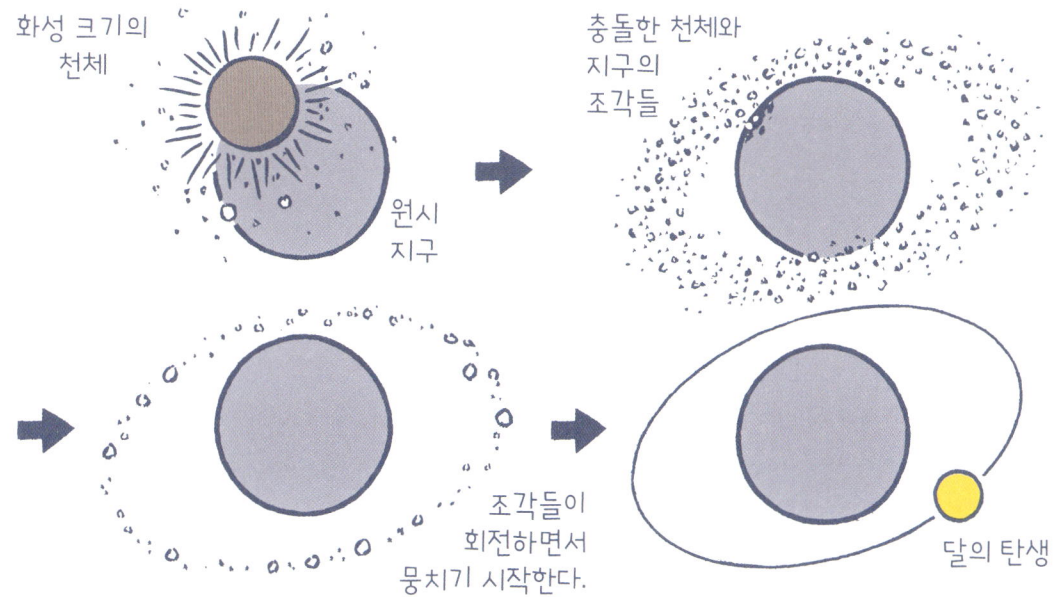

달의 크기와 밝기

달의 실제 크기와 겉보기 크기

달과 지구의 크기를 비교해 보자

달은 반지름이 1,737km, 질량이 7.35×10^{22}kg이에요. 이렇게 숫자만 보면 상상이 잘 안 될 거예요. 그래서 지구와 달을 한번 비교해 보도록 할게요.

지구의 반지름은 6,370km, 질량은 5.97×10^{24}kg이에요. 즉, 달의 반지름은 지구의 약 4분의 1이에요. 부피는 약 50분의 1, 질량으로 비교하면 80분의 1 정도 돼요. 이렇듯 달은 지구보다 상당히 작다는 걸 알 수 있어요.

그럼 겉보기 크기는 어떨까요? 지구에서 바라본 달의 크기는 1°(도)의 절반에 해당하는 30′(분)이에요. 천체의 겉보기 크기는 각도로 나타낸다는 규칙이 있어요.

이 30′이 어느 정도의 크기냐 하면 가운데에 5mm 정도의 동그란 구멍을 뚫은 종이 판을 손에 쥐고 팔을 뻗었을 때 그 구멍에 딱 들어가는 크기밖에 되지 않는답니다. 나중에 달을 보게 되면 한번 시험해 보세요.

지름(반지름)은
지구 1개 = 달 4개

달은 참 가볍구나

지구 1개 = 달 80개

달이 이렇게 작아 보이는 이유는 아무리 지구와 가장 가까운 천체라 해도 멀리 떨어져 있기 때문이에요. 그럼 달과 지구는 얼마나 멀리 떨어져 있을까요?

지구에서 달까지의 평균 거리는 384,400km예요. 이는 지구를 30개 늘어 놓은 거리예요. 이보다 조금 더 가까워지거나 멀어지는 경우도 있어요. 물론 가까워지면 좀 더 밝게, 멀어지면 어둡게 보이지요. 이에 대해서는 60쪽에서 자세히 설명할게요.

낮게 뜬 달은 크기가 크다?

낮은 하늘에 이제 막 뜨기 시작한 달을 본 적이 있나요? 본 적이 있다면 아마 그 크기와 붉은빛에 깜짝 놀랐을 거예요.

지평선 가까이에 뜬 달은 정말 크기가 클까요? 사실 이것은 '달의 착시'라 불리는 눈의 착각이에요. 실제로는 머리 위로 하늘 높이 뜬 달보다 거리가 멀기 때문에 오히려 더 작답니다. 구멍 뚫린 종이 판으로 한번 확인해 보세요.

달이 크게 보이는 이유 중 하나는 건물이나 산 등 땅 위에 있는 물체와 비교해 달이 크게 느껴지기 때문이에요. 하지만 아무리 그렇다 해도 달이 정말 너무나 커 보이긴 해요. 이 현상은 옛날부터 논의되어 온 문제로, 아직 완벽한 해답은 얻지 못했답니다.

한편 낮은 달이 붉게 보이는 이유는 빛이 지평선 근처의 두꺼운 대기를 통과할 때 파란빛은 잘 도달되지 않고 붉은빛이 더 잘 도달되기 때문이에요.

크다!

작아진 것 같은데…

큰 달과 작은 달

슈퍼문이 '슈퍼'한 이유

지평선에 가까운 달은 커 보여요. 이것이 착시라는 이야기는 앞에서 했어요. 그런데 실제로 정말 달이 클 때가 있어요.

달이 지구 주위를 빙글빙글 돌면서 지나가는 길을 '궤도'라고 해요. 이 궤도는 완전히 동그란 원이 아니라 조금 일그러진 타원 모양이에요. 그래서 지구와 가까워지거나 멀어질 때가 있어요. 가장 가까울 때와 가장 멀어질 때와의 거리는 지구 4개만큼 차이가 나요. 그리고 회전하는 속도도 달라져요. 지구와 멀어질 때는 천천히, 가까워질 때는 빨라져요.

보름달일 때 달 크기의 차이를 가장 확실하게 알 수 있어요. 가장 가까이 있을 때의 보름달을 보면 가장 멀리 있을 때보다 14% 더 크게, 밝기는 30% 더 밝게 보여요. '슈퍼문'이라는 말을 들어본 적이 있나요? 슈퍼문이란 지구와의 거리가 가장 가까울 때의 보름달을 말해요. 본래 점성술에서 쓰이던 단어로 과학적인 단어는 아니에요. 하지만 매우 밝고 특별한 달이라는 느낌을 잘 표현하므로 최근에 자주 쓰이고 있어요. 지구와 가까울 때의 삭도 슈퍼문이에요. 하지만 삭은 보이지 않기 때문에 확인할 수가 없지요.

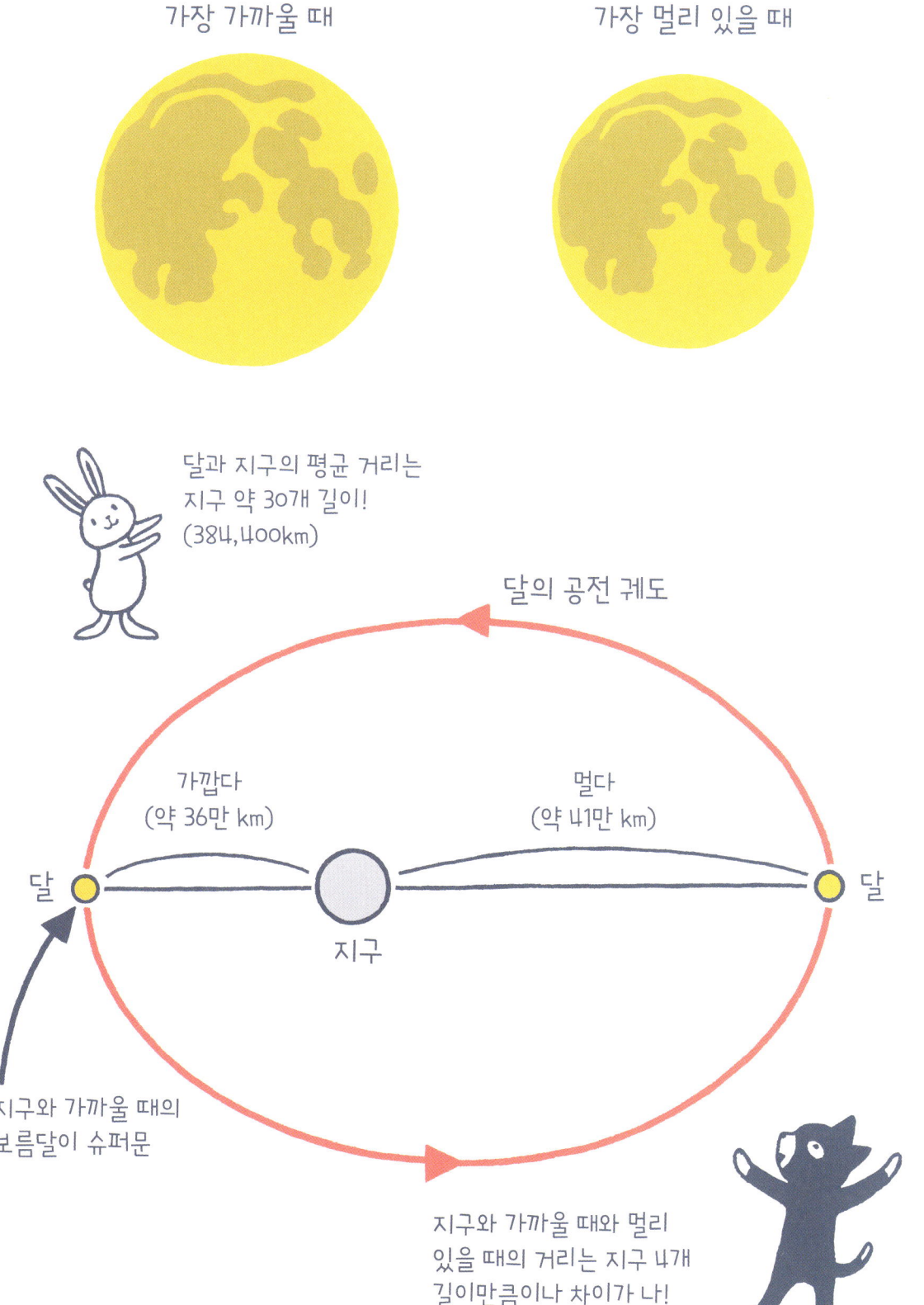

달의 밝기·별의 밝기

보름달은 얼마나 밝을까?

보름달은 매우 밝아서 달빛으로 희미하게 그림자가 생길 정도예요. 옛날에는 지금처럼 가로등도 없었고 밤새 거리를 밝히는 네온등도 없었기 때문에 밤은 정말 칠흑 같은 어둠이었어요. 집에 전기도 안 들어오니, 어둠을 밝힐 수 있는 건 오로지 촛불뿐이었지요.

그래서 달빛은 밤의 귀중한 조명이었지요. 그저 아름답기만 했던 게 아니라 생활에 매우 유익한 불빛이었어요. 태양 빛을 반사하는 달의 모양은 하루가 다르게 변해요. 달의 앞면 전체가 빛나는 보름달과 반쪽만 빛나는 상현달과 하현달, 그리고 가느다란 초승달 등 지구에 도달하는 달빛의 밝기는 달에 따라 크게 달라져요.

그런데 상현달이나 하현달의 크기가 보름달의 절반이라고 해서 밝기까지 절반이 되는 건 아니랍니다. 크기가 절반인 상현달이나 하현달의 밝기는 보름달 밝기의 10분의 1에도 못 미칠 만큼 어두워요. 초승달은 보름달 밝기의 200분의 1 정도로 훨씬 더 어둡답니다.

보름달의 밝기를 촛불 100개의 밝기라고 하면

상현달·하현달은 약 8개 정도의 밝기

초승달은 0.5개 정도의 밝기

1등성이나 2등성과 같은 말을 들어본 적이 있나요? 별의 밝기를 나타내는 '등급'이에요. 숫자가 작으면 작을수록 밝다는 뜻이에요. 0등보다 밝으면 마이너스(−)를 붙여요. 등급이 하나 올라갈 때마다 밝기는 2.5배 밝아져요.

밤하늘에서 가장 밝은 별(항성)은 −1등성이에요. 겨울 밤하늘 큰개자리의 시리우스지요. 저녁녘 가장 먼저 눈에 띄는 금성은 밝을 때 −4.6등 정도예요. 초승달은 약 −7등, 상현달이나 하현달은 −10등, 보름달은 −12.6등 정도예요. 보름달이 얼마나 밝은지 알 수 있지요?

태양의 크기와 밝기

달은 밤하늘의 별보다 훨씬 밝아요. 특히 높은 하늘에서 밝게 빛나는 보름달은 눈이 부실 정도예요. 하지만 보름달보다 훨씬 더 밝은 별이 있어요. 바로 태양이에요. 달이나 행성들의 빛의 근원이 되는 태양의 밝기는 과연 어느 정도일까요?

별의 밝기를 나타내는 등급으로 태양의 밝기를 표시하면 −26.7등이 돼요. 이는 보름달 밝기의 40만 배 정도에 해당해요. 눈으로 직접 볼 수 없을 만큼 강력한 빛이에요.

그래서 태양을 볼 때는 눈이 손상되지 않도록 밝기와 유해 광선을 차단하는 필터나 일식 안경을 사용하는 것이 좋아요.

이처럼 태양은 달보다 훨씬 밝아요. 그런데 지구에서 바라볼 때 그 크기는 달과 거의 비슷합니다. 실제 크기는 어마어마하게 크지만, 너무나 멀리 떨어져 있어서 달과 비슷한 크기로 보이는 거랍니다.

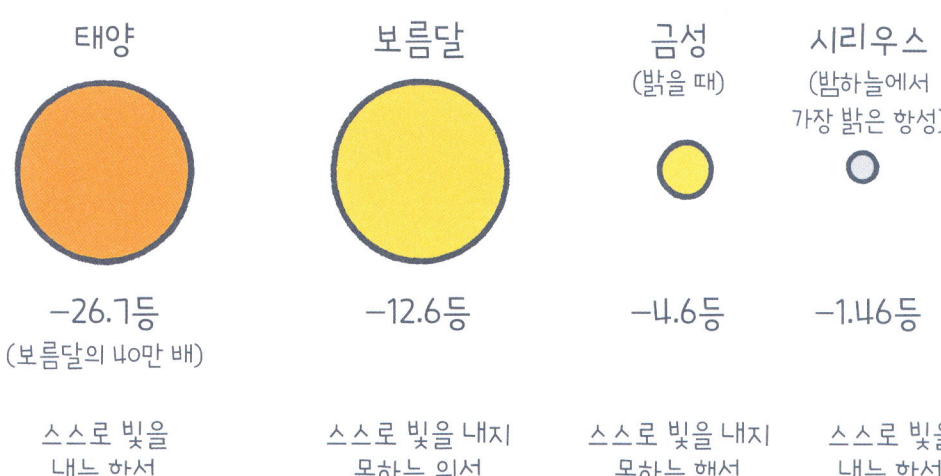

태양	보름달	금성 (밝을 때)	시리우스 (밤하늘에서 가장 밝은 항성)
−26.7등 (보름달의 40만 배)	−12.6등	−4.6등	−1.46등
스스로 빛을 내는 항성	스스로 빛을 내지 못하는 위성	스스로 빛을 내지 못하는 행성	스스로 빛을 내는 항성

달과 지구의 운동

지구의 운동

지구의 자전과 공전으로 일어나는 일들

달이 뜨고 지는 이유는 지구가 매일 자전하기 때문이에요.

지구는 자전축을 중심으로 24시간에 한 바퀴를 돌아요. 이 자전의 1회전이 하루(1일)예요. 우리는 보통 생활하면서 지구가 돌고 있다는 걸 전혀 느끼지 못해요. 그런데 달과 태양, 밤하늘의 별들은 모두 동쪽에서 떴다가 서쪽으로 지지요? 이것이 바로 지구가 자전하고 있음을 나타내는 증거랍니다.

지금은 누구나 이 사실을 당연한 것으로 알고 있어요. 하지만 옛날 사람들은 지구를 중심으로 하늘 전체가 움직인다고 믿었답니다.

지구는 하루에 한 바퀴씩 자전하면서 동시에 태양 주위를 약 365일, 즉 1년에 걸쳐 한 바퀴 돌아요. 이를 공전이라고 해요. 달만큼 심하지는 않지만, 지구의 공전 궤도 또한 완전한 원이 아니고 다소 일그러진 타원형이에요. 자전과 마찬가지로 우리는 지구가 엄청난 속도로 태양 주위를 돌고 있음을 평소에는 느끼지 못해요. 하지만 공전을 통해 계절 변화를 알 수 있어요.

지구의 자전축은 공전면에 대해 수직이 아니에요. 지구의 자전축은 공전면에 수직인 축보다 23.4도만큼 기울어져 있어요.

기울어진 상태로 태양 주위를 회전하게 되면 태양의 고도가 여름에는 높고 겨울에는 낮아져요. 이것이 바로 계절 변화를 일으키는 이유랍니다.

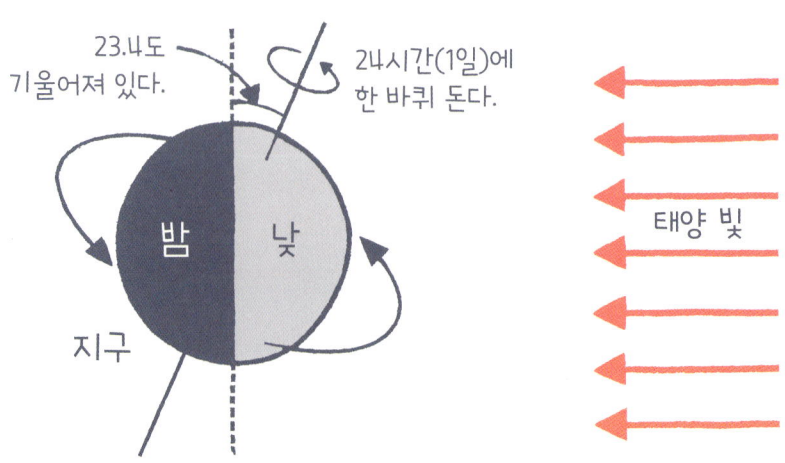

여름에는 태양이 높게 뜬다!

지구는 태양 주위를 약 365일 동안 일주한다.

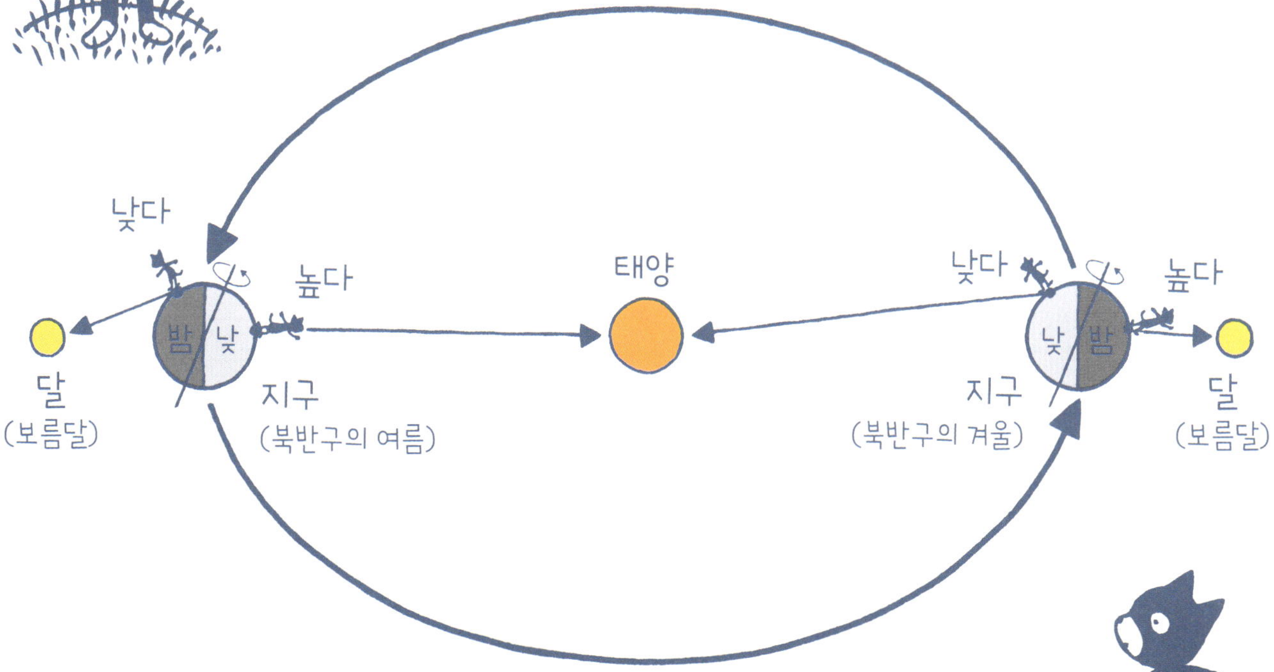

낮다　높다　태양　낮다　높다
달(보름달)　지구(북반구의 여름)　　지구(북반구의 겨울)　달(보름달)

겨울에는 태양의 고도가 낮다!

지구가 움직이는 걸 평소엔 느끼지 못하지만

지금도 1초에 약 30km 정도의 속도로 이동하고 있어.

달의 운동

우리는 항상 달의 앞면만을 본다

지구가 태양 주위를 도는 것처럼 달도 지구 주위를 돌고 있어요(공전). 달이 차고 이지러지는 것은 이 때문이에요. 그런데 초승달이든 보름달이든 지구에서는 늘 언제나 달의 앞면만을 볼 수 있어요. 토끼가 떡방아를 찧고 있는 그 유명한 무늬는 앞면에 있지요.

달도 지구처럼 공전하면서 동시에 자전을 해요. 그럼 달의 뒷면도 볼 수 있지 않을까요? 그런데 볼 수 없답니다. 그 이유는 무엇일까요?

그것은 달의 자전 1회전과 공전 1회전 주기가 같아서 그렇답니다. 67쪽의 그림은 달이 어떻게 지구 주위를 돌고 있는지 나타낸 것이에요. 달은 앞면을 지구로 향한 채 회전하며 처음 장소로 돌아오면서 1회전 자전을 해요. 달의 무게 중심이 지구 쪽으로 쏠려 있어 무게 중심에 가까운 앞면을 지구가 당기므로 항상 같은 면을 지구로 향한 채 돌기 때문이에요.

단, 타원형인 달의 궤도와 달의 자전축의 기울기로 인해 달의 뒷면이 아주 조금 보일 때가 있어요. 실제로 지구에서는 달 표면의 59%를 볼 수 있다고 해요. 이것을 달의 '칭동'이라고 해요.

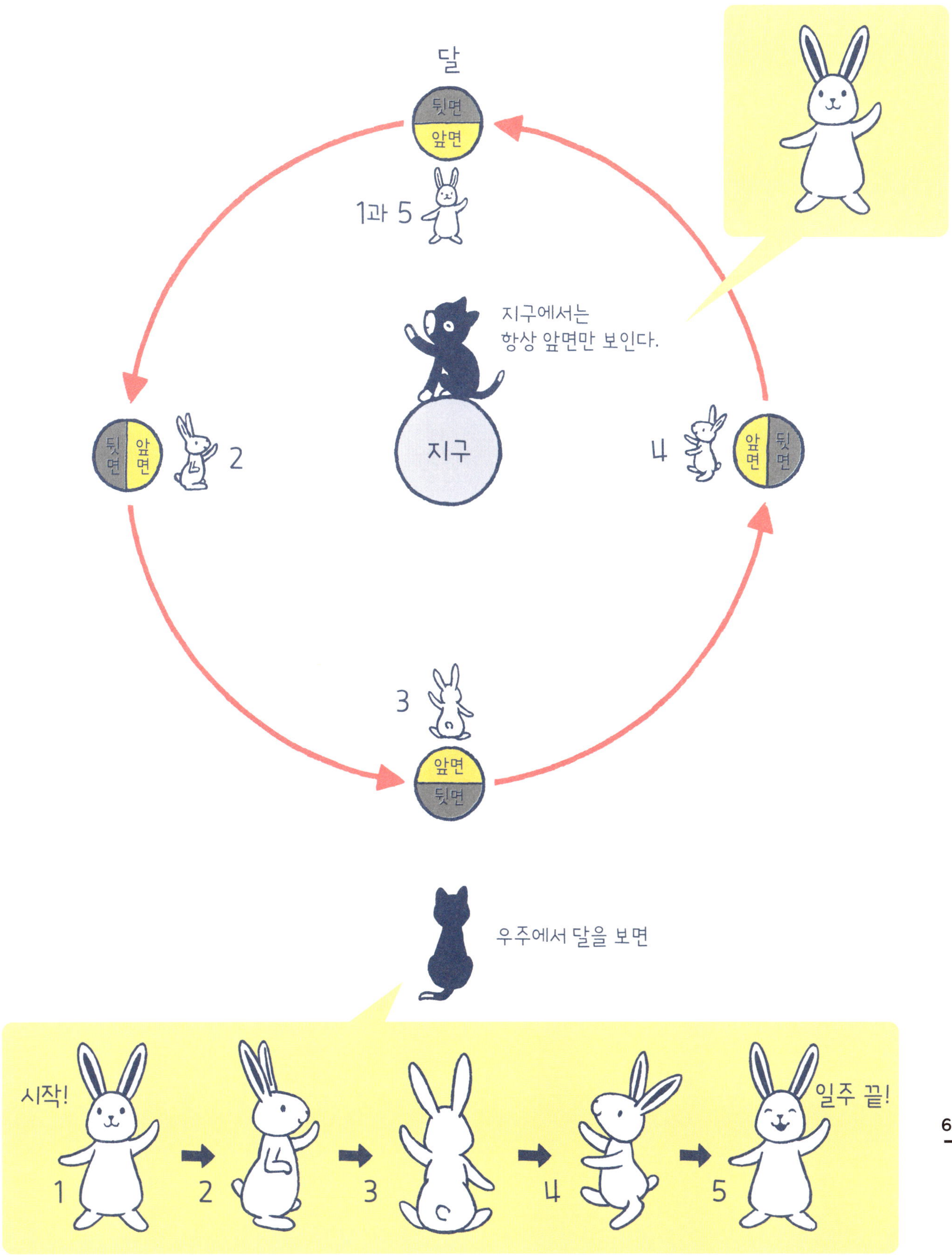

달

1과 5

지구에서는 항상 앞면만 보인다.

지구

2

3

4

우주에서 달을 보면

시작! 1 → 2 → 3 → 4 → 5 일주 끝!

조수 간만

바닷물은 달의 힘으로 움직인다

달이 지구에 미치는 영향 중에서 가장 알기 쉬운 예로 무엇이 있을까요? 바로 해수의 움직임인 조수 간만이에요. 만조는 바다에서 조수가 밀려 들어와 해수면이 높아진 상태예요. 간조는 바다에서 조수가 빠져나가 해수면이 낮아진 상태예요. 만조와 간조는 하루에 약 두 차례씩 일어나요.

조수 간만이 일어나는 첫 번째 이유는 바로 달의 인력이에요. 달과 가까운 쪽의 바닷물은 달의 인력으로 끌어당겨져요. 그러면 바닷물의 수면이 올라가면서 만조가 돼요. 또 달이 지구 주위를 공전하면서 생긴 원심력으로 달과 반대쪽에 있는 바닷물 또한 만조가 돼요. 이때 바닷물이 증가한 양쪽의 중간에 있는 부분은 바닷물이 줄면서 간조가 돼요. 그럼 만조와 간조가 하루에 두 차례 일어나는 이유는 무엇일까요? 그 이유는 지구가 자전하면서 만조와 간조가 일어나는 두 지점을 지나가기 때문이에요. 단, 달은 지구 주위를 약 27일의 주기로 공전하기 때문에 하루에 한 번 일어나는 경우도 있어요. 같은 원리로, 달이 낮에 뜨고 지기 때문에 아예 볼 수 없는 날도 있지요.

조수 간만을 일으키는 또 다른 원인은 바로 태양의 인력이에요. 아무래도 지구 바로 근처에 있는 달보다는 힘이 약할 수밖에 없지만요. 하지만 태양과 달의 인력이 합쳐지면 조수 간만이 매우 커져요. 이를 '사리'라고 해요. 사리는 달이 보름달과 삭일 때, 즉 태양과 지구와 달이 일렬로 배열할 때 일어나요.

반대로 달이 하현이나 상현일 때는 달과 태양의 인력이 서로 다른 방향으로 작용해요. 그래서 이때는 조수 간만 차가 작은 '조금'이 돼요.

실제 사리는 보름달이나 삭인 날보다 1~2일 늦게 일어나요. 그 이유는 바닷물이 달이나 태양의 힘을 받아 움직이는 데 시간이 걸리기 때문이에요.

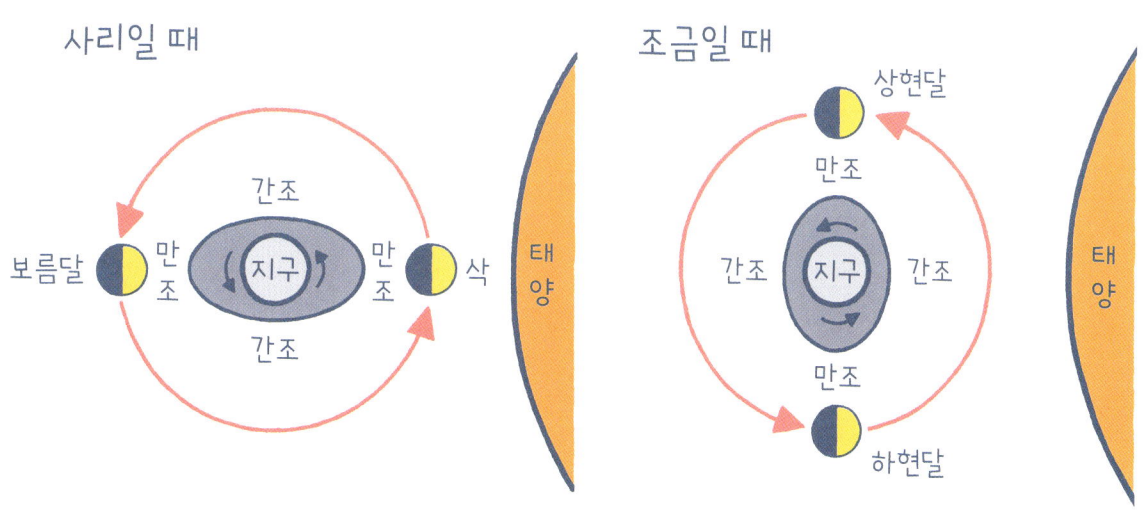

달이 점점 멀어진다?

57쪽에서도 설명했듯이 달은 매월 3.8cm씩 지구로부터 멀어지고 있어요. 원인은 지구의 조수 간만 차 때문이랍니다.

탄생한 지 얼마 되지 않았을 때의 지구는 약 10시간에 한 번 자전했었다고 해요. 그러니까 하루가 10시간밖에 되지 않았던 것이지요. 짧은 시간에 1회전을 한다는 것은 그만큼 회전 속도가 빨랐다는 뜻이에요. 그 이후로 조금씩 자전 속도가 느려지면서 지금은 하루가 24시간이 되었어요. 탄생했을 때보다 거의 2배 이상 늘어난 것이죠.

지구의 자전 속도는 지금도 점점 떨어지고 있어요. 그 이유는 달의 인력으로 생긴 만조 때문에 상승한 해수면과 지구의 고체 부분에 마찰이 생겨 지구의 회전에 제동을 걸고 있기 때문이에요.

그리고 지구의 해수가 올라간 부분 때문에 밀쳐진 달은 그 속도가 빨라지고 궤도가 커지면서 점차 지구로부터 멀어지고 있답니다.

달을 관측하자

달은 지구와 가장 가까운 천체이므로 지구에서 아주 잘 보인답니다.
그래서 다양한 방법으로 달을 관측할 수 있어요.
지금 밖으로 나가 달을 관측해 보세요. 달은 어디에 있나요?
달을 관측하기 전 조사해야 할 것과 관측 방법을 알아보아요.

사전 준비와 조사

달은 다른 별들보다 훨씬 크고 밝기 때문에 도시의 환한 밤하늘에서도 관측할 수 있어요.

관측하기에 앞서, 관측할 장소의 뜨고 지는 시각과 월령(달의 가려진 정도)을 조사해야 해요. 초승달은 해가 지면 바로 저물어 버려요. 그믐달처럼 가느다란 달은 새벽 가까운 시간이 돼서야 뜨기 시작해요. 삭은 아무리 기다려도 뜨지 않지요.

그래서 신문이나 인터넷으로 정확한 시각을 확인하는 것이 좋아요(77쪽 큐알 코드 참고). 이때 주의해야 할 점은 언제 어디서 관측하는지를 잘 알고 있어야 한다는 점이에요. 이 책에는 서울을 기준으로 시각을 표기했어요. 서울과 멀리 떨어진 곳에 있다면 시각은 달라질 수 있어요. 여기서 말한 시각은 지평선과 달의 중심이 만나는 시간이에요.

달이 뜨는 시각은 매일 약 50분씩 늦어져요. 만약 항상 똑같은 장소에서 달을 관측한다면 '이맘때의 이 월령이면 이때쯤에 뜰 거야.' 하는 식으로 감이 생길 거예요.

건물이 많은 거리에서도 달은 볼 수 있어요. 하지만 가능하면 하늘을 넓게 바라볼 수 있는 시야가 트인 곳이 좋아요. 달 뜨는 것을 보고 싶다면 동쪽, 달 지는 것을 보고 싶으면 서쪽 하늘이 트인 장소를 찾아보세요. 그리고 혼자서 가지 말고 반드시 다른 사람과 함께 가도록 해요.

신문

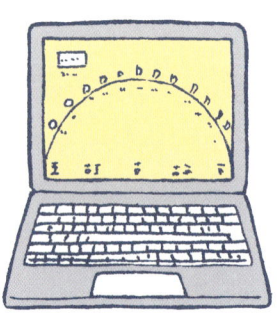
인터넷

스마트폰

오늘의 달
월령 8.3
뜨는 시각 12:17
지는 시각 22:47

달 관측에 유용한 도구들

달을 관측하는 데 꼭 필요한 도구가 있는 것은 아니에요. 하지만 관측할 때 있으면 편리한 몇 가지 도구들이 있어요.

첫 번째로 나침반이에요. 나침반을 사용하면 달이 어느 방향에서 떴다가 어느 방향으로 지는지 대략 알 수 있어요. 스마트폰의 나침반 앱을 사용해도 좋아요.

현재 하늘에 보이는 별자리와 별을 알려 주는 앱도 함께 사용해 보세요. 달과 함께 보이는 별이 무슨 별인지 알 수 있어서 매우 유용하답니다.

달을 좀 더 자세히 관측하고 싶으면 망원경이나 쌍안경이 편리해요. 특히 쌍안경은 달의 표면까지 볼 수 있어서 달 관측이 훨씬 흥미로워져요. 그런데 오랜 시간 손에 들고 하늘을 보면 손이 떨리고 쉽게 피곤해질 수 있어요. 이럴 때는 삼각대에 고정하여 사용하면 편리해요. 망원경은 쌍안경보다 달 표면을 더 크게 확대하므로 훨씬 자세히 관찰할 수 있어요. 하지만 값이 비싸서 개인이 마련하기에 조금 부담스럽지요. 가끔 천문대에서 공개 관측이 있으니 기회가 되면 이용해 보세요.

쌍안경이나 망원경으로 달을 관측할 때는 이 책에서 소개한 달 앞면 지도(50~51쪽 참고)를 참고하세요. 쉽게 볼 수 있는 크레이터와 바다 이름이 소개되어 있으니 비교하면서 지형을 찾아보세요.

아무리 밝은 보름달이라도 손전등 하나 정도는 가지고 있는 것이 여러모로 편리해요. 달 표면 지도를 보거나 여러 가지 작업을 하는 데 유용하답니다.

다양한 달의 모습

달은 날마다 모양이 변하고 뜨는 시간도 바뀌어요. 그래서 그저 보고만 있어도 지루하지 않지요. 이제 막 뜨기 시작한 달은 매우 커 보여요. 게다가 낮게 떠 있을 때는 별로 눈이 부시지 않아서 무늬를 관찰하기도 좋아요. 대기의 영향을 쉽게 받으므로 상태에 따라서는 꽤 붉게 보이기도 해요.

계절에 따라 보이는 모습도 다양해요. 봄에는 밤하늘에 옅게 구름이 낄 때가 많으므로 흐릿하게 보이는 으스름달이 뜨기도 해요. 여름에는 낮게, 겨울에는 하늘 높이 빛나는 달은 1년 내내 다양한 표정으로 우리 눈을 즐겁게 해 줘요.

달빛으로 특이한 현상이 일어나기도 해요. 옅게 구름이 낀 달 주변에 원 모양으로 무지개 색깔의 띠가 빛날 때가 있는데, 이것은 달무리라는 현상이에요. 달빛이 굴절되면서 또 다른 달이 떠 있는 것처럼 빛날 때도 있어요. 이는 환월이라는 현상으로, 달무리의 한 종류예요. 또 낮에 태양빛으로 무지개가 뜨는 것과 같은 원리로 달빛으로 밤에 무지개가 뜨기도 해요. 달 무지개라고 하는데, 이 또한 매우 희귀한 현상이지요.

쌍안경은 원래 모습대로 보인다.

망원경은 상하가 뒤집힌 모양으로 보인다.

확대해서 보면 좀 더 자세하다.

쌍안경이나 망원경으로 관측하기

쌍안경이나 망원경으로 달을 관측해 본 적이 있나요? 이런 기구를 사용하면 달을 크게 확대해서 볼 수 있어요. 맨눈으로는 보이지 않았던 크레이터 같은 지형들이 잘 보여 깜짝 놀라기도 해요.

가볍게 부담 없이 관찰하고 싶으면 우선 쌍안경부터 시작해 보세요. 만약 집에 쌍안경이 있다면 조류 관찰용 쌍안경도 좋고, 종류는 아무거나 괜찮으니 한번 사용해 보세요. 새로 구매한다면 렌즈 지름 30~50mm, 배율 7~10배 정도가 좋아요. 천체 망원경을 취급하는 전문점이나 천문 관측에 대해 자세히 알고 있는 어른들에게 조언을 구하여 선택하는 것도 방법이에요.

그러다가 조금 더 자세히 관측하고 싶어지면 그때 망원경으로 넘어가세요. 관련 기관의 천문대에서 종종 커다란 망원경을 사용한 공개 관측 행사를 열기도 해요. 꼭 구매하지 않더라도 이런 행사를 잘 활용하면 얼마든지 망원경을 체험할 수 있어요. 천체 망원경은 대부분 상이 위아래로 뒤집혀서 보여요. 따라서 이 책에서 소개한 달 표면 지도를 참고할 때는 상하를 뒤집어서 보세요.

달의 가려진 정도에 따른 모습의 차이도 쌍안경이나 망원경으로 보면 훨씬 더 잘 확인할 수 있어요. 다양한 달을 관측해 보세요. 아마 차원이 다른 월식도 즐길 수 있을 거예요(74쪽 참고).

월식을 관측하자

월식은 26쪽에서도 소개했듯이 지구 그림자가 달에 드리워지면서 달을 가리는 현상이에요. 일부가 가려진 것을 부분 월식, 그림자가 달 전체를 가려서 보름달이 붉게 보이는 것을 개기 월식이라고 해요.

월식이 언제 일어나는지는 과학 잡지나 뉴스, 한국천문연구원(77쪽 큐알 코드 참고)과 같은 공식 기관에서 확인할 수 있어요. 몇 시부터 어떻게 가려지는지에 대한 정보도 미리 알 수 있어요. 그래서 날씨만 좋으면 월식은 쉽게 볼 수 있답니다.

짧은 시간에 달이 가려졌다가 다시 원래 모양으로 돌아오는 월식은 그냥 보고만 있어도 매우 흥미로운 천문 현상이에요. 다음 몇 가지 점들을 주목하여 관찰한다면 더욱 흥미로운 관측이 될 거예요.

첫 번째로 달이 가려지는 방법이에요. 월식으로 가려지는 모양은 평소 차고 이지러지는 패턴과는 전혀 달라요. 평소에 달이 이지러질 때는 경계 부분이 뚜렷하지만, 월식에서는 흐릿하게 보여요.

개기 월식이 된 달은 어둡고 붉은 보름달이에요. 대기 상태에 따라 색이 더 어둡거나 반대로 밝을 때도 있어요. 보통 보름달이 떴을 때는 밤하늘이 굉장히 밝아요. 하지만 개기 월식이 되면 달이 매우 어두워지므로 보름달일 때의 밤하늘보다 캄캄해져요. 그래서 개기 월식에는 밤하늘의 별들이 되살아난 것처럼 반짝반짝 빛나요. 달의 색과 다른 별들에 주목하면 더욱 흥미로운 관측이 될 수 있어요.

　달은 언제나 지구 주위를 돌고 있어요. 달과 지구는 인력으로 서로 묶여 있어요. 그리고 둘 다 태양 빛을 반사하며 돌고 있어요. 지구에 생명이 탄생하고, 인간으로 진화되는 과정에서 달은 없어서는 안 될 존재였어요. 지금도 달은 조수 간만을 비롯해 지구에 아주 큰 영향을 미치고 있어요.

　아주 먼 옛날부터 얼마나 많은 사람이 저 달을 바라보며 살았을까요? 달이 밤하늘의 유일한 조명이었던 시대가 지나가고, 달력이라는 역할이 끝나 버린 지금도 달은 변함없이 하늘에서 빛나고 있어요.

　달은 지구 어디에서나 볼 수 있어요. 저 멀리 지구 반대편에 사는 친구도 똑같은 달을 볼 수 있어요.

　여러분도 지구의 동생과 같은 달에 대해 알면 알수록 지구나 태양, 천체와 우주에 대해 더욱 흥미를 갖게 될 거라고 믿어요.

한국천문연구원 생활천문관
달이 뜨고 지는 시각, 월령, 월식 예보 등
달 관측에 필요한 자료를 날짜 별로 찾아볼 수 있어요.